统计学思维

如何利用数据分析提高企业绩效

統計学が最強の
学問である［ビジネス編］

[日] 西内启 著
方舒 译

全书内容共分 4 章，分别从经营战略、人力资源、市场营销和业务运营四个方面阐述了普通人士如何利用统计学思维来进行数据分析，以提高企业的绩效。第 1 章内容主要讲述决定企业收益的主干——经营战略。第 2 章和第 3 章中介绍相关基础理论及先行研究，同时就数据分析和数据应用的具体流程进行详述。第 4 章主要介绍我们应该如何改善业务运营流程。本书除了介绍各类运用统计学思维进行数据分析的知识外，同时也为大家提供了一种基础的调研设计模板，通过遵循该模板中的方法和流程，都能顺利展开数据分析，从而洞察海量数据中所蕴藏的规律和商机。

TOUKEIGAKU GA SAIKYO NO GAKUMON DEARU［BUSINESS HEN］
by HIROMU NISHIUCHI
Copyright © 2016 HIROMU NISHIUCHI
Simplified Chinese translation copyright © 2021 by China Machine Press
All rights reserved.
Original Japanese language edition published by Diamond，Inc.
Simplified Chinese translation rights arranged with Diamond，Inc. through Shanghai To-Asia Culture Communication Co.，Ltd

本书由 HIROMU NISHIUCHI 授权机械工业出版社在中华人民共和国境内（不包括香港、澳门特别行政区及台湾地区）出版与发行。未经许可的出口，视为违反著作权法，将受法律制裁。

北京市版权局著作权合同登记　图字：01-2021-2979 号。

图书在版编目（CIP）数据

统计学思维：如何利用数据分析提高企业绩效／（日）西内启著；方舒译. —北京：机械工业出版社，2022.1

ISBN 978-7-111-69794-7

Ⅰ.①统… Ⅱ.①西… ②方… Ⅲ.① 企业绩效-企业统计　Ⅳ.①F272

中国版本图书馆 CIP 数据核字（2021）第 248452 号

机械工业出版社（北京市百万庄大街 22 号　邮政编码 100037）
策划编辑：坚喜斌　　　　　责任编辑：坚喜斌　李佳贝
责任校对：刘雅娜　闫　华　　责任印制：李　昂
北京联兴盛业印刷股份有限公司印刷
2022 年 1 月第 1 版·第 1 次印刷
170mm×240mm·16.25 印张·1 插页·210 千字
标准书号：ISBN 978-7-111-69794-7
定价：79.00 元

电话服务　　　　　　　　　　　网络服务
客服电话：010-88361066　　　　机　工　官　网：www.cmpbook.com
　　　　　010-88379833　　　　机　工　官　博：weibo.com/cmp1952
　　　　　010-68326294　　　　金　书　网：www.golden-book.com
封底无防伪标均为盗版　　　　　机工教育服务网：www.cmpedu.com

前 言

别凭"主观感觉"和"案例"做分析

统计学思维
如何利用数据分析提高企业绩效

01
鲜为人知的"调研设计"技能

常见的数据应用失败案例

我撰写统计学系列丛书的主要目的是为了填补横亘在统计学和普通商务人士对其认知之间的鸿沟。

当时,大数据的概念正广受关注,商业新闻中经常不痛不痒地提到人们运用价格高昂的系统对数据进行高速分析处理,结果往往得到的只是一些漂亮美观的饼图或曲线图。

作为一位数据分析专业人员,我认为这种做法是不可取的,于是借由书籍提出了我的反对观点。未曾想该书一经发售便引发了诸多反响,书中观点也为社会大众广泛接纳,这让我欣喜不已。

这本书的热卖给我的人生也带来了巨大变化,我收到了比以往更多的来自各方人士的联系,大家都殷切希望将数据应用到商业领域中。

准确地来说,应该是来自"曾尝试将数据应用于商业但结果并不尽如人意"的各方人士的联系。他们中的大部分人要么对公司内部数据库进行了大规模整顿、要么引进了费用高昂的IT系统、要么向外部数据科学家或咨询顾问支付了高额佣金,但最终却未从中收获任何成果。也就是说,这些尝试并没能给他们带来任何利润。

那些"数据应用已经做得很好,且已持续获利"的人们也许即使对拙著有所感悟,也并不会主动联系我吧。不过,不容置疑的是,不管是人尽皆知的大型企业,还是被媒体标榜为"业界致力于大数据应用"的前沿企业，相当多的企业都对大数据投资颇多却收效甚微。

通过与他们交流，我得以了解到很多数据应用方面的反面案例，例如他们是基于怎样的原委、采取了怎样的行动、获得了怎样的分析结果，又是怎样在商业应用中行之无效的。其中，最具代表性的失败模式如下：

首先，由公司管理层，也就是总裁或董事长发号施令，"我们公司也要进军大数据了！"接着，公司根据指示下达相应任务和预算到那些适合负责大数据的部门，一般是信息系统部或市场部等。

而这些部门的负责人们，其实并不了解应该如何使用这笔预算，于是不管三七二十一，先把资金投资在一些通用性较高的软硬件上。至于这些软硬件具体如何使用，他们往往一无所知。

这时，他们会选择委托外部咨询顾问或数据科学家来做分析，不过收到的往往只是一些完全无助于提高公司利润的分析报告。又或者，他们会参考咨询顾问提供的"其他企业的成功案例"，尝试通过机器学习算法自动发送优惠券或优化 DM 广告（直接邮寄广告）投放流程等，但这些举措似乎依旧无法提高销售额。

不依赖个人主观感觉的调研设计

我认为出现这种情况的根本原因在于，他们本身缺乏一种基于调研设计的思考方式。

所谓调研设计，指的是研究人员如何构思优秀的研究课题，同时思考针对此课题应该如何开展调查及分析。我认为，日本大部分的高等院校对这个领域都没有进行系统性教育，研究者们普遍效仿自己的老师，照猫画虎地学习"应该怎样做研究"。不过，据说美国很多大学都开设了相关课程来教授这项技能。

以我写作本书为例，当我在 amazon.com 上输入关键词"research design"

（调研设计）时，一共可以搜索到1万本以上相关书籍。根据作者和类别不同，这些书多少会有流派之别，但大多数情况下，它们都不约而同地将"把握先行研究"作为调研设计的第一步。因为，所谓研究并非是把自己关在办公室或实验室里苦思冥想或埋头实验，然后哪天就突然灵感闪现，找到重大发现。

即使有些人稍有聪明才智，但如果他们不加以学习，仅靠独自长时间苦苦思索，那么即使思考出点什么内容，最终也会发现其实早就有前人想到并发表于报端了，甚至哪怕相关反驳或反证或许都已有人提出了。对那些很久以前就已经发明出来的东西，还要特意耗时耗力地再重新发明一次，我们称之为"重新发明轮子"。确实，从未见过车轮的人在想要搬运重物的时候发明出了车轮，也许会有种"我真是个天才"的错觉。但仅凭这种个体性的灵感闪现，不管发明多少次车轮，对人类整体智慧的进步都没有任何帮助。

按照我的理解，研究是一种试图为"人类智慧"做出贡献的行为。为此，围绕我们感兴趣的课题，我们首先需要把握前人对"哪些部分已经研究清楚了"，而对"哪些部分未知或尚未涉足"，然后，再思考应该怎样收集数据和展开分析来减少那些"未知的重要部分"。这就是调研设计的思考方式。

一般情况下，学术论文如有不准确标明参考文献出处、伪造数据或收集状况等都属于科研伦理上的"造假"，会受到惩戒，因为这也是一种侮辱前人创造出的"人类智慧"的行为。

不过，与研究人员不同，商务人士在做数据分析时，不一定必须得解密一些"人类未知的重要内容"，而只要找到一些"公司大部分人都不知道的重要内容"就可以了。不过，即使做商务数据分析，调研设计的重要性也是丝毫不变的。

不管是普通商务人士，还是运用高级分析手法的数据科学家，那些缺

前 言
别凭"主观感觉"和"案例"做分析

乏调研设计思维的人们通常都会仅凭自身经验、直觉或主观感觉来建立"假设",然后再企图通过数据来做验证。

不过,普通人能想到的那种程度的假设,例如"女性客户比男性客户的客单价要高""收到 DM 广告的客户更容易产生购买行为"等,即使通过数据得到验证也不会带来多大价值。大部分情况下,听众们的反应只会是"哦,果然如此",随后就没下文了。即使有那么一些人,他们发挥稳定,经常性地提出一些极具创新性和前瞻性的假说,并且其中大部分经受住了数据检验,那么这些可称之为"天才"的人也一定是寥若晨星。

接着,当这些浮想程度的假说穷竭之后,他们就开始"收集成功案例"了。他们往往会委托咨询顾问针对国内外同一业务领域的公司收集并介绍数据运用案例,试图进行效仿。内容涉及如何基于数据分析结果来制定经营策略以及如何导入应用程序(如优惠券自动派发系统)来活用数据等。

与仅凭个人主观感受相比,这一过程多少还算是在尝试努力向"人类智慧"靠近。但实际上,这儿也有意想不到的陷阱在等着他们:即便同属某一业务领域,销售的也是同类商品,但企业间还是有很大差异的——客户群体、品牌形象、运营流程等都各不相同。所以,简单地将给一家公司创下巨大营收的举措生搬硬套到另一家公司,结果往往并不理想。

打个比方,一家零售企业因产品售价合理而受到顾客广泛支持,它通过"优化优惠券投放方式"获得了成功。与此同时,另一家零售企业则是因"服务优、环境好"而收获了一批高客单价优质客户。那么,在这种情况下,如果后者盲目照搬前者的做法,结果会怎样?可想而知,这一举措吸引的只是那些对打折感兴趣的客人,这将最终导致客户群体出现偏差,甚至可能会因此流失部分优质客户。

更进一步地说,我本人以及那些经常在媒体中露面的从事数据相关工作的朋友们都有一个共同点,那就是我们绝不可能将那些直接给公司带来巨大利润的分析结果公之于众。因为这些分析结果都是我们的客户或我们自己公司耗费了莫大的时间和成本研究得出的，将它们泄露给其他公司，则无异于亲手放弃这些能为我们带来竞争优势的源泉。因此，咨询顾问们能拿上台面做案例的所谓"大数据的成功案例"，大多都是可公之于众的无关紧要的内容。

如果有人私底下透露给了你一些非常机密的商业案例，那么有朝一日当他成为你的商务伙伴时，请务必多加小心。为什么？因为假如日后他协助你通过数据应用给你的公司带来了巨额利润，那么在不久的将来，这些数据分析结果也同样可能会被泄露给你的竞争对手们。那样的话，数据中所蕴含的价值就会即刻丧失。

改善枝叶不如改善主干

那些充斥在街头巷尾的所谓"大数据的成功案例"，例如针对哪些人如何派发优惠券、如何处理客服中心收到的投诉等，都不过是商业活动中的枝叶而已。事实上，数据分析能够发挥价值的领域比这些要宽广得多。当我们将数据应用在枝叶领域时，不用考虑太多复杂要素就能收到立竿见影的效果，给企业或多或少带来一些利润。然而，如果我们能彻底改善主干部分则往往能收获更多。

这些年来，我有幸在各大行业的各个领域，针对各类数据做了很多工作。我之所以能做到这些，就是因为已经掌握了"调研设计"这项技能。同时，每当涉足一个全新的领域，我都会先仔细查阅管理学家及应用心理学家等针对该领域的先行研究，以及业界专家学者或有识之士的智慧经验，并提前将它们输入我脑海中的知识库。在日本，管理学家们大多只专注于定性研究；而在欧美，管理学家们普遍都通过统计分析这一定量工具，研究企业如何提高收益的科学依据。

前言
别凭"主观感觉"和"案例"做分析

当然，我也知道，对大多数商务人士来说收集并把握先行研究是一项难度很高的工作。正因如此，我希望通过本书向大家介绍目前为止我所掌握的各类先行研究的主要内容，同时也为大家提供一种基础的调研设计模板，通过遵循该模板中的方法流程，无论是谁，无论是哪家公司，都能顺利展开数据分析。在这个基本框架之下，即便很难从零开始建立假设，我们也依旧可以将那些平常无法用语言表达出来的隐性知识与数据进行联系，从而洞察其中的规律和商机。

02
本书的结构和框架

本书所探讨的四大主题

那么，何谓商业活动中的主干？

目前为止，我所体会到的最大主干当属"经营战略"。后文中将会详细提及的管理学家巴尼在其著作中解释经营战略一词时指出，"毫不夸张地说，有多少本以经营战略为主题的书，就有多少种关于经营战略的定义。"同时，巴尼本人将经营战略定义为：一家企业所拥有的关于如何在竞争中取得成功的理论。本书在使用"经营战略"这个词时一般指的是"公司级别下的一贯的（或应执行的）盈利方针"。进一步来说，如果我们在判断企业该进军哪类领域、该着力发挥哪种差异化优势等重要问题时出现失误，那么仅靠在运营等枝叶层面做出改善，收到的效果是微乎其微的。再者，如果一味模仿那些与企业经营战略格格不入的"大数据成功案例"，不仅无法给企业带来收益，甚至有可能会适得其反。

本书中提到的"经营战略"，并不仅仅是经营者或企业咨询顾问应该考虑的内容。无论我们是想改善运营流程，还是想给营销企划做分析，首先都必须与企业战略方向保持一致。因此，我想给大家提供一种做企业战略分析的基本框架，以便全体商务人士都能自如地思考和运用。一般来说，经营战略分为**竞争战略（事业战略）**和**企业战略（公司战略）**两种，本书主要就竞争战略进行剖析。而企业战略主要涉及的是企业多元化和企业并购等领域，这偏离了全体商务人士都应思考的范畴，因此不在我们的讨论范围内。

第 1 章内容主要讲述决定企业收益的主干——经营战略。首先我将对基础的管理学理论和先行研究进行介绍，其后再就数据分析的具体流程以及分析过程中需要注意的事项等做详细说明。当然，我们在做经营战略决策时也需要用到主观感觉，但合理运用数据可以帮助我们避免盲目依赖主观感受，从而挖掘到更具潜力的战略。

为了实现企业经营战略，我们需要关注两大方面，即企业内部人才管理和企业外部顾客管理。一般情况下，前者称为人力资源管理，后者称为市场营销管理。我将在第 2 章和第 3 章中提及相关基础理论及先行研究，同时就数据分析和数据应用的具体流程进行详述。

对于一家企业来说，网罗高效人才、收获高回报率的优质顾客比单纯改善某项具体运营方案（如 DM 广告的投放方式等）所带来的影响要深远得多。

在前几章介绍完主干部分之后，第 4 章中我将阐明应该如何改善业务运营流程。我们可以通过数据对企业内所有业务的生产率进行改善，当然也包括那些"大数据成功案例"通常不太涉及的领域。现在已经有很多企业在各类业务中引进了 IT 技术，这也使得它们在无意之间收集了很多数据。

在最后一章中，我将综合概述该如何把握各项业务的生产效率，又该具体以什么为切入点分析哪些数据。另外，我也会提及该怎样将现有业务系统中积累的数据加工成可供分析的状态。除此之外，我也会谈到面对公司内各类纷繁复杂的业务，我们到底该优先关注哪一部分。

主题之间的相互关系如图 0-1 所示。当我们制定企业决策时，金字塔的顶端是经营战略，支撑着经营战略的两大支柱分别是针对"内部人才"的人力资源管理和针对"外部顾客"的市场营销管理，而支撑起这三大主干的业务运营管理则决定了企业的最终盈利能力。

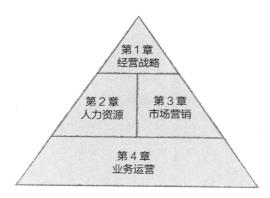

图0-1 本书所探讨的四大主题间的相互关系

本书的分析流程及关键词

在介绍分析流程时，我会依次对Outcome、解析单位、解释变量、数据源示例以及具体分析手法等进行说明。

所谓Outcome，指的是数据分析时最关键的"想使之最大化或最小化"的值。一般的统计学教材将其称为结果变量、因变量，或简单称之为Y，机器学习领域中它也被称为外部标准。而我之所以坚持使用"Outcome"这一叫法是有原因的。

Outcome直译的意思是成果或产物。在我原本的专业领域，即政策科学及医学领域也会用到这个词，它体现了一种实用主义精神。从统计学角度而言，提到因变量，不管我们分析时用的是多么无关紧要的数据，总是能得到相应的结果。而提到Outcome，我们就必须动脑去思考"最终想达到的成果是什么"。

本书或者应该说我本人经常在思考：究竟什么因素才能帮助企业达到获取利润这一终极目标？与利润直接相关的Outcome比与利润相关性较弱的Outcome要好，影响到数百亿日元利润的Outcome比顶多只影响到数百万日元利润的Outcome要好。

我见过的大部分"毫无用处的分析报告"，其根本问题都在于Outcome

设置不当，从而陷入一种"从统计学角度来看十分正确，但实际却毫无价值"的怪圈。例如，当我们针对"单次来店的消费单价"这种并不太恰当的 Outcome 进行分析时，得到的结果是"我们要重视那些在折扣期间来店集中消费的顾客"。这个结果从统计学角度来看相当正确，但如果仅靠这些每年只在大幅折扣活动期间才来店消费的顾客，恐怕店铺完全无法盈利吧。相比之下，这家企业的大部分利润一定是由那些定期来店以正价消费的顾客们贡献的。因此，长期的客户终身价值才是更为妥当的 Outcome，而非单次消费单价。更进一步来说，我们应该分析的是毛利，而不是销售额。综上所述，如果我们对"贡献大量毛利的顾客与贡献少量毛利的顾客之间的区别在哪里"进行分析，就不会得到一份"毫无用处的分析报告"了。

接着，当我们实际开始分析时，还需要考虑应该以哪种解析单位（也有人将其称为分析单位，本书统一称为"解析单位"）来做分析。例如，就算用的是同一批数据，Outcome 也同为销售额，那么我们想了解的到底是"销售额高的企业与销售额低的企业之间的差别"还是"销售额（也就是客单价）高的顾客和销售额低的顾客之间的差别"，抑或是"销售量高的产品与销售量低的产品之间的差别"。切入点不同，我们得到的分析结果也完全不同，应采取的行动自然也就各不相同了。

如果某种特性（变量）能对各解析单位下的 Outcome 差异做出解释，我们就称其为解释变量。我们也可以将解释变量定义为"数据所呈现出的解析单位的特征"。关于这一点，我将在各章节中通过具体案例做出说明。

有时，候选解释变量种类越多，我们越会发现某些意料之外的解释变量竟与 Outcome 息息相关。反之，至于是否还有一些实际上与 Outcome 息息相关却未得到相应数据验证的解释变量，仅仅根据手头的数据我们是完全不得而知的。所以，本书除了试图给大家提供尽量多样化的解释变量以外，还将就解释变量的思考方式、各类解释变量的数据源获取及使用方法进行说明。

最后，我将综合阐述该使用哪种分析手法，怎样做具体分析，怎样解读分析结果以及根据分析结果该采取什么行动。由于本书更为侧重实用性的数据分析，因此将以如下两种分析方法为主：当使用以数字大小表示的定量型 Outcome 时，用多元回归分析；当使用表示"是否处于某种状态"的定性型 Outcome 时，用逻辑回归分析。当然，根据 Outcome 性质不同，有时可能更适合用泊松回归法或 β 回归法，但各位只要至少掌握上述两种方法，就能挖掘到提升利润的点子，并通过 A/B 测试（或称随机对照试验）做实际验证。

我将通过本书为大家提供一套提出"问题"（专业术语为调研问题，即 Research Question）并探索答案的方法。而所谓"问题"指的就是，"Outcome 很理想的解析单位与 Outcome 并不理想的解析单位之间的差异是否取决于解释变量"。至于如何构思这一过程，正是调研设计应该做的事。因此，换句话说，本书呈现给大家的同时也是"调研设计的基础模板"。

基于上述理由，我无法在本书中向大家透露各案例中的实际公司名称或具体分析结果，但本书介绍的所有分析流程都源于我实际负责过的项目，因此我同时也会尽量给大家穿插讲解一些唯有实际经历过才能体会到的注意事项。

当然，对研究人员而言，除了调研问题本身必须具有独创性以外，他还需要提前解读大量先行研究资料。同时，还要明确研究的领域是经营战略还是市场运营，领域不同，对应的调研设计也大相径庭。不过，就像我在前文中所提到的，各位只需要挖掘那些"公司大部分人都不知道的提升利润的好点子"就可以了。因此，Outcome 和解析单位本身并不需要有多大的独创性，我们只要参考先行研究找到真正重要的解释变量，再用公司数据去做验证，这样就足够有意义了。当然，如果各位能在此基础之上提出更具创意的调研问题，并根据模板去实际分析的话，那就更棒了。

如果本书中介绍的各领域调研设计基础模板能启发并帮助各位读者从前人的智慧和数据之中创造出全新的价值，本人将深感荣幸。

目 录

前　言　别凭"主观感觉"和"案例"做分析

01　鲜为人知的"调研设计"技能 / IV
　　常见的数据应用失败案例 / IV
　　不依赖个人主观感觉的调研设计 / V
　　改善枝叶不如改善主干 / VIII

02　本书的结构和框架 / X
　　本书所探讨的四大主题 / X
　　本书的分析流程及关键词 / XII

第 1 章　用于经营战略的统计学

03　用数据推导战略 / 002
　　咨询顾问们都爱矩阵图 / 002
　　矩阵分析的两大局限 / 004

04　波特与 SCP 理论
　　经营战略的理论背景① / 008
　　经营战略的代表性理论 / 008
　　简洁优美的五力分析模型 / 010
　　日本企业的飞跃反驳了波特的理论 / 012

05　经营战略理论的契合度问题
　　经营战略的理论背景② / 014
　　着眼于企业内部优势的杰恩·B. 巴尼 / 014
　　波特和巴尼，究竟孰对孰错 / 015
　　经营战略的统计分析历史 / 018

06 分析对象的设定
针对经营战略的统计分析流程① / 021
统计学式的战略制定方法 / 021
横向市场分析 / 022
纵向市场分析 / 023
非连续性市场分析 / 025

07 选择合适变量
针对经营战略的统计分析流程② / 028
针对商务人士的系统综述入门 / 029

08 收集所需数据
针对经营战略的统计分析流程③ / 037
首先收集客观的公开数据 / 037
为什么要用总资产收益率来评价"赚钱程度" / 038
将非上市企业也纳入分析对象 / 039
如何委托调研公司才精准高效 / 040
收集带有主观性数据时的注意事项 / 042
数据汇总方法 / 043

09 分析与结果解读
针对经营战略的统计分析流程④ / 045
简单汇总统计的两大局限 / 045
逐步回归法与对变量选择做人工确认 / 047
分析解读实例与基础知识 / 050
更细致的分析方法与我不推荐此类方法的理由 / 053
与其严谨检验，不如迅速采取小规模行动 / 055

10 本章总结 / 057

统计学补充专栏 1　方差分析和混合效应模型 / 060

第 2 章　用于人力资源的统计学

11 你的企业有没有招到优秀人才 / 066

"人才比战略更重要"这一事实 / 066
基于科学实证的 Google 招聘流程 / 068
普通的面试派不上什么用场 / 069

12　一般智力与权变理论 / 073
"学习好的人工作能力也优秀"只对了三成 / 073
领导力研究学者们发现的权变理论 / 075
元分析告诉我们"工作由适配度决定" / 077
只看中"干练利落的高学历人士"就太可惜了 / 079

13　设定分析对象
针对人力资源的统计分析流程① / 082
凑齐几十个人就能做分析 / 082
解析单位扩展和分割的方法 / 083

14　选择合适变量
针对人力资源的统计分析流程② / 086
人事的 Outcome 设定很难 / 086
"引入随机性"这一技巧 / 088
广泛收集解释变量的备选项 / 089

15　收集所需数据
针对人力资源的统计分析流程③ / 092
找寻埋没在公司内部的数据 / 092
Outcome 设定时的注意点：巧妙弥补数据不足 / 093
解释变量相关数据扩充：性格特质的测定方法 / 096

16　分析数据
针对人力资源的统计分析流程④ / 099
对相关性强的解释变量做"缩减" / 099
两个相关项目的得分可做合计 / 100
多个项目相关联时使用"因子分析" / 101
使用多元回归分析还是逻辑回归 / 104

17　解读分析结果
　　针对人力资源的统计分析流程⑤ / 106
　　逻辑回归的解读方法复习 / 106
　　有没有"违背经验或直觉的结果" / 108
　　应采取的行动："改变" / 110
　　应采取的行动："转移" / 111
　　作为人力资源管理措施候补的"HPWP" / 112

18　本章总结 / 115
　　统计学补充专栏2　"删失"和"截断" / 120

第3章　用于市场营销的统计学

19　市场营销战略与顾客中心主义 / 126
　　iPhone需求真的无法通过调研知晓吗 / 126
　　效仿蓝海战略的方法 / 127
　　统计学能战胜天才的原因 / 129

20　现代市场营销的基础知识 / 131
　　科特勒对营销的定义以及常见误解 / 131
　　以谁为对象开展商业活动 / 133
　　卖什么，怎么卖 / 134

21　准备数据，基于数据来思考"卖给谁"
　　针对市场营销的统计分析流程① / 137
　　市场营销的数据分析至少要做三轮 / 137
　　分析对象是除"极不可能的人"以外的所有人 / 138
　　首先对单源数据做分析 / 139

22　基于分析结果思考"卖给谁"
　　针对市场营销的统计分析流程② / 143
　　为什么不用多元回归分析和逻辑回归分析 / 143
　　推荐使用"聚类分析" / 145
　　聚类分析是为了挖掘到好的细分市场 / 149

23 准备数据，思考"卖什么？"
　　针对市场营销的统计分析流程③ / 151
　　市场定位 =卖什么？ / 151
　　结合质性调查和量化调查找到好的市场定位 / 153
　　"truth 广告战役"——完美验证了营销的力量 / 154

24 应用了统合行为理论的质性调查
　　针对市场营销的统计分析流程④ / 157
　　涵盖了大部分学问成果的统合行为理论 / 157
　　提问项目和调查问卷的具体制作方法 / 159

25 分析与解释数据，思考"卖什么"
　　针对市场营销的统计分析流程⑤ / 164
　　通过分析我们可以了解什么 / 164
　　这次用的是多元回归分析或逻辑回归分析 / 165
　　思考市场定位时的两大方法 / 168

26 分析并思考"4P"
　　针对市场营销的统计分析流程⑥ / 171
　　了解细分市场的顾客 / 171
　　通过试制品或宣传单做测试营销 / 174

27 本章总结 / 175

统计学补充专栏 3　决策树分析与随机森林 / 178

第 4 章　用于业务运营的统计学

28 戴明提出的全新"管理模式" / 184
　　运营模式的改善引领美国西南航空走向成功 / 184
　　提出 kaizen 并支持着比尔·克林顿的统计学家 / 186
　　想办法解决"导致波动的原因" / 191

29 从局部最优到整体最优 / 192
　　沉睡在公司内部可供改善的广袤新领域 / 192

　　　　　从"瓶颈"开始着手 / 194

30　价值链与各部门的标准 / 197
　　　　价值链的思考方式 / 197
　　　　具体的 Outcome 与解析单位 / 200

31　从业务用数据到分析用数据 / 205
　　　　首先从分析手头数据开始 / 205
　　　　将数据转化为可供统计分析的形式 / 205
　　　　将数据相关联 / 207

32　提高数据品质与数据加工的要点 / 210
　　　　"完整的数据"是一个陷阱 / 210
　　　　有"欠缺"感就对了 / 211
　　　　不用勉强思考"假设" / 212

33　"洞察性分析"与"预测性分析" / 214
　　　　何谓"预测性分析" / 214
　　　　你的隐性知识将成为做"洞察性分析"的武器 / 215
　　　　"预测性分析"难做的两大原因 / 217
　　　　失败的 Google 流感预测 / 220

34　自回归模型与交叉验证 / 223
　　　　自回归模型概要 / 223
　　　　防止过拟合 / 225
　　　　通过交叉验证做检验 / 226

35　本章总结 / 229

统计学补充专栏 4　运用到集体智慧的预测手法 / 232

致谢 / 236

第 1 章

用于经营战略的统计学

本书中提到的经营战略并不仅仅是经营者需要思考的问题,也不应轻易由战略咨询顾问的矩阵图决定。所有那些想要改善企业状况的商务人士往往都希望找到企业所在细分市场的成功之钥。数据分析的价值很大程度上便取决于它是否与这个战略性的成功之钥相关。那么这个成功之钥到底是什么?要想找到答案,我们并不需要成为"经营战略狂",而只要掌握一些最基本的竞争战略理论和数据分析诀窍,就能获得一些改善自身业务的灵感和见地,这对所有商务人士而言都十分重要。

03
用数据推导战略

咨询顾问们都爱矩阵图

野中郁次郎等在其名著《失败的本质》(钻石社出版)及续篇《战略的本质》(日本经济新闻社出版)的开篇部分,提到:

战后六十年,当在横向竞争中成长起来的日本蓦然面对全球性竞争的挑战时,一定意识到了战略的重要意义并为之感到困惑吧。

《战略的本质》出版至今已经十多年过去了,然而书店里有关经营战略的新书仍在持续畅销着。通过这点我们也不难发现,时至今日,大多数日本商务人士仍不擅长思考如何制定"战略"。

商场如战场,在商业世界中,制定"指导如何作战"的经营战略比单场战争胜负更为重要。也正因如此,经营战略也成了近十年来备受全球管理学家瞩目的研究主题,很多日本企业曾一度支付高额报酬委托咨询公司制定企业经营战略。麦肯锡、波士顿咨询集团(Boston Consulting Group,BCG)等活跃于全球的咨询公司都拥有思考与制定经营战略的基本框架和分析工具,它们让那些高学历的新员工学习掌握这些框架和分析工具,以便在短时间内将他们培养为"战略咨询顾问"。

其中最知名的工具之一当属 BCG 开发的"产品组合管理(Product Portfolio Management,PPM)",也被称为"成长-份额矩阵"或"BCG 矩阵",如表 1-1 所示。

表 1-1 产品组合管理

市场成长率	相对市场份额	
	大	小
高	明星 ↓ 优先投资	问题 ↓ 进行选择性投资
低	金牛 ↓ 将资金转投其他领域	瘦狗 ↓ 撤退

表 1-1 显示"企业可以通过组合排列两大因素来对所有可能采取的经营战略选项做出判断"。市场成长率指的是"今后市场规模是否会扩大",相对市场份额指的是"能否在相应市场中占据到份额"。

如果在高成长率市场中已占据到相对市场份额,那么就应该优先投资这一领域以占据市场主导地位,在最大程度上获取该市场带来的利润。如果在低成长率市场中已占据到相对市场份额,那么继续投资可能无法回收成本,因此被称为"金牛"的这一部分业务将主要用于向其他业务提供现金支持。

另一方面,在高成长率市场中尚未占据到市场份额的被称为"问题"业务,如果企业拥有多个"问题"业务,那么就应该认真思考"如何抢占市场份额"并做出取舍,从而开展有针对性的投资;而对于那些在低成长率市场中未占据到市场份额的"瘦狗"业务,企业应考虑从该市场撤退,并尽快将该业务转让给有收购意愿的其他公司。

基于这一思考方式,1981—2001 年就任 GE 公司 CEO 的杰克·韦尔奇对公司业务制定了大刀阔斧的收紧策略,"砍掉全球市场份额占比进不了前 2 名的业务",最终大幅提高了公司的盈利能力。其后,他也曾透露"虽然这项战略本身很简单,但执行起来却很难"。

除此之外,还有一种比 PPM 应用更广泛,有时甚至被应用到与经营战略毫无关联的业务层面的工具,它就是"SWOT 分析"(如表 1-2 所示)。它主要围绕企业、事业、产品、广告、战略等内容,将目前状态根据"相对目标而言是积极还是消极""属于内部还是外部"来加以整理的一种分析方法。它不仅用于经营战略,还广泛出现在其他各类商业书籍中,相信很多读者也一定曾在会议资料中见过它吧。

表 1-2　SWOT 分析

因素	针对达成目标	
	积极	消极
内部	优势 (Strength)	劣势 (Weakness)
外部	机会 (Opportunity)	威胁 (Threat)

想必大家都已知道,企业内部的积极因素指的是优势(Strength),企业内部的消极因素指的是劣势(Weakness),企业外部的积极因素指的是机会(Opportunity),企业外部的消极因素指的是威胁(Threat),SWOT 就是取它们的首字母组成。具体分析方法就是列出公司对应 S、W、O、T 的项目,思考如何充分运用现有的优势和机会,尽力回避现有的劣势和威胁。

我总觉得咨询公司或 MBA 出身的人们喜欢什么问题都用矩阵图来分析整理,这可能与他们在职业生涯初期学过 PPM、SWOT 分析等"二维表式分析工具"有关吧。

矩阵分析的两大局限

当我们思考"该进军哪个细分市场"这类战略问题时,包括 PPM 在内的大部分分析框架都存在一个问题,那就是:当企业在市场中既无法做到扩张份额、获取价格竞争力，也不至于要立刻撤出该市场时，到底该怎么办？就算是想要"建立产品差异化"或"创造区别于其他公司的附加价值"，那么又该"如何实现差异化""创造哪种附加价值"呢？据我了解，在面对这些问题时，咨询顾问们依旧偏爱通过画矩阵图来整理和分析。

在这里我没法拿实际案例来做说明，只能给大家提供一个虚构案例做参考。假设有一家中型体育用品企业正苦于如何制定经营战略，于是咨询公司便用象限图（如图1-1所示）帮助该公司对竞争对手企业做了整理归纳并得出结论，"社长！贵公司应该发挥你们的优势，生产面向竞技体育的高时尚性产品啊！"

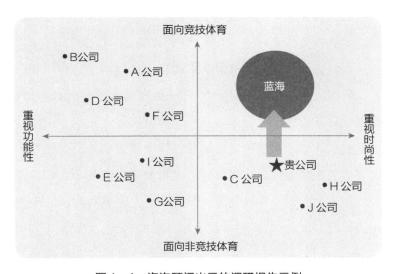

图1-1　咨询顾问出示的调研报告示例

图1-1中的"蓝海"与管理学家W. 钱·金（W. Chan Kim）、勒妮·莫博涅（Renée Mauborgne）提出的蓝海概念不尽相同。这里所说的蓝海是一种非正式用法，含义更为随意，大致可以理解为"其他企业还不太涉足的未知市场领域"，但这样的分析存在两个局限。

其一，为什么选择图1-1中的两大维度做重点关注呢？这其实只是咨询顾问的主观判断而已。当我们将体育用品品牌按"面向球类等竞技性体育/面向慢跑瑜伽等非竞技性体育"和"重视时尚性/重视功能性"这两大维度进行归纳时，确实能得到上述图表。不过除此之外，我们还能想到很多有关体育用品的其他维度。例如，当我们以"奢华型/休闲型"为轴心进行考虑时，就有可能得出完全不同的结论——"极少有公司涉足奢华且重视功能性的产品领域"。

那么，为什么要按"是否为竞技性体育""是否重视时尚性"这两大维度对企业进行划分呢？答案想必是依据咨询顾问的经验、直觉或者说是主观感受吧。说得极端一点，这或许只不过是这个顾问周末和朋友踢室内足球时突然萌生的点子而已——"喜欢踢室内足球的女孩子也挺多嘛，那么生产一些时尚性强的产品一定会热卖吧"。然而，他们却把它包装成客观的分析结果来销售给客户。

其二，即使咨询顾问定义的两个维度完美地囊括了体育用品品牌的多样性，那么所谓"竞争寡淡的领域"真的就等同于"有前景的市场"吗？有没有以下这种可能性？

参加竞技性体育的人应该比参加非竞技性体育的人更爱竞争，因此他们相对而言更追求功能性而非时尚性，因为前者更有利于竞技。而那些喜爱非竞技性体育的人们又可以分为两类，一类人注重功能性，因为"不易受伤，也能减轻身体负担"；另一类人则注重时尚性，"因为运动时心情更好"。正因为有这种可能性存在，所以就算我们不惜降低功能性、制造出更为时尚的竞技性体育用品，到头来也很可能竹篮打水一场空，根本无法打动大部分顾客。

那些所谓的"空白领域"，有时只不过是被其他企业判定为收益性低而不愿进驻的领域，或是有企业曾经尝试开拓但却被撞得头破血流最终惨败收场的残垣断壁之地而已。所以不管这片大海多么清澈碧蓝，但如果只是一片"死海"，别说鱼了，就连浮游生物都无法生存，那也是毫无意义的。

我们的最终目的并不是实现差异化或集中资源至某一细分市场，而是通过差异化或集中化使得企业在竞争中占据优势地位、提高收益，这才能称为卓有成效的战略。所以我们需要做出清醒的判断：这类差异化或细分市场到底是能给企业带来累累硕果的金钥匙，还是只是其他企业决定弃之不要的鸡肋而已。

SWOT分析也一样。1997年泰瑞·希尔（Terry Hill）和罗伊·威斯特布鲁克（Roy Westbrook）在一篇名为《SWOT分析：产品召回时》的论文中指出，很多企业虽然通过SWOT分析找到了有助于制定战略的重要因素（公司优势/劣势、市场机会/威胁等），但这些内容却几乎未被运用到企业的实际运营当中。通过SWOT等分析工具，我们确实能对企业内外部环境中的积极或消极因素进行整理，但问题是如果我们不去理清它们到底会在多大程度上影响到企业利润，就无法判定哪个因素更为重要，自然也就无法为战略制定提供任何参考了。

当然，如果你的咨询顾问相当优秀，经验丰富，直觉和主观感受也十分敏锐，那么他的确有可能仅仅通过定性分析和矩阵图就推导出"优秀的战略"。而我们是无法拥有如此高超的技能的。不仅如此，不管你身居多高的职位，当第一次见到某位咨询顾问时，你往往很难判断他到底是位才华横溢、品位非凡的优秀人士，还是仅仅是简历光鲜的庸才一位。

那么，到底应该怎么做呢？在本书中，我给出的答案非常简单：在充分了解掌握经营战略相关的前人理论及先行研究的前提下，对数据做恰当的统计分析。这样一来，即使平凡如我们，有时也能将那些优秀的咨询顾问甩在身后，发掘到有效提升企业利润的好战略。

04
波特与 SCP 理论
经营战略的理论背景①

经营战略的代表性理论

要想对经营战略相关理论过去 100 多年的历史做一番概述，仅就这个主题就能出本书，但提及其中最具代表性的理论，很多人一定都会想起迈克尔·E. 波特（Michael E. Porter）的五力分析模型吧。

波特所撰写的《竞争战略》（明星社出版）一书是经营学史上的不朽名著，他本人也常年作为哈佛商学院的当家教授而活跃着。波特在哈佛大学获得了经济学博士学位后，从所学的产业组织论这一经济领域的 SCP 分析范式中获得灵感，对"什么才是能让企业获利的重要经营战略"进行了系统化构建。

产业组织论主要研究各产业的市场结构，确认其是否已达到社会性最佳状态，也就是"最大多数人的最大幸福"状态，如果没有达到，则思考应采取哪种管制或产业政策来调整。

给波特带来影响的 SCP 分析范式取的是结构（Structure）、行为（Conduct）和绩效（Performance）这三个词英文拼写的首字母。20 世纪前半叶，有一个以哈佛大学为中心的名为哈佛学派的经济学者研究团体，他们将产业组织的运作机制理解为"市场结构（S）→企业行为（C）→由这两者所左右的绩效（P）"三部分。波特受此影响提出了战略论，简单概括来说，即企业绩效的高低并不由企业行为决定，而是很大程度上取决于

第 1 章
用于经营战略的统计学

"企业是在哪种市场结构下运营业务"。

不过,那个时代的经济学者们为什么要思考什么是社会性最佳市场结构呢?这与当时的历史背景不无关系。19世纪中叶,诸如托拉斯和卡特尔等阻碍市场公平竞争的企业垄断活动大肆盛行,一部分企业因此大获渔利。受此影响,美国政府制定了反垄断法,这也是针对"非社会性最佳的市场结构"进行的政府管制。但从企业家角度来说,以垄断性地位去展开非公平竞争才是获得无上利润的源泉。

例如,通过经营石油企业敛财的约翰·洛克菲勒成为人类史上最富有的人之一,他在美国石油相关市场通过所执掌的企业集团(托拉斯)收购竞争对手企业,缔结秘密协议并胁迫生意伙伴降价,这直接导致了垄断性市场结构,他本人也因此成功将巨大利润收入囊中。

为什么垄断可以渔利?其理由之一在于处于垄断地位的企业可以自由控制价格。当时在美国,如果你想购买灯油,就必须通过洛克菲勒的公司进行购买,这就意味着你必须按照他提供的价格来购买。如果这个市场是未被垄断的公平市场,那么其他竞争公司就能够提供比洛克菲勒公司价格更低的灯油,并因此获得更多利润,这时洛克菲勒公司也就不得不考虑对自家公司的灯油进行降价。而在垄断性市场,企业就可以通过定价来随意设定和操控利润幅度。

除此之外,处于垄断地位的企业不仅作为卖方,作为买方的交涉力也很强。例如,当我们新发现一处油田时,如果有多家备选企业可以参与土地权收购和石油开采,那么土地所有人就能将土地卖给出价最高的企业。但如果参与收购的只有洛克菲勒这一家企业,那么土地所有人就只能按照其提供的价格售卖。也就是说,竞争对手越少,就越方便企业提升销售额,同时也越方便企业降低成本,所以自然也就更容易获利了。

不过,这种情况下,企业获利和消费者蒙亏是互为因果的。如果多家企业进行价格竞争,那么消费者往往就能以更便宜的价格买到相同品质的产品；而如果市场结构受企业间收购与协议影响处于垄断状态，那么消费者便不得不花费更多钱去购买同一产品，这对整个社会来说也是不利的。

所以，现在世界各国均出台了对企业寡头垄断进行管制的产业政策。例如，日本软银集团曾在收购美国手机运营商斯普林特公司之后想一并将T-Mobile也收入囊中，但最终未获得美监管当局批准。美国监管当局或许正是基于"市场竞争环境是否公平公正"这一产业组织论观点做出判断的吧。

波特认为，既然经济学者们呼吁企业公平竞争以求达到社会性最佳状态，那么反过来从企业角度来想，如果想提升企业业绩（Performance），在决定如何行动（Conduct）之前，应该思考"哪类市场拥有无须竞争也能盈利的结构（Stucture），而企业又该如何进入这类市场"。

当然，洛克菲勒式做法已受到了法律管制，但波特一语道破：如果我们能在未受管制的市场中开展公平公正的企业活动，并因此在消费者及供应商等市场环境中占据有利地位，那么这就可以称之为能赚钱的经营战略。

简洁优美的五力分析模型

为此，波特提出了著名的五力分析模型，用以方便我们基于SCP理论制定企业经营战略。他在《竞争战略》一书中将竞争环境划分为五大因素，其中不仅包含行业内竞争者（Competitor）、供应商（Supplier）和购买者（Buyer），还囊括了行业新进入者（Entrant）和替代品（Substitute），同时他还详细分析了这五大因素分别是怎样导致企业利润减少的。

有关该理论的详细介绍并不是本书的主要目的，因此，我将仅就图1-2中所示的"五力"做一个简单说明。

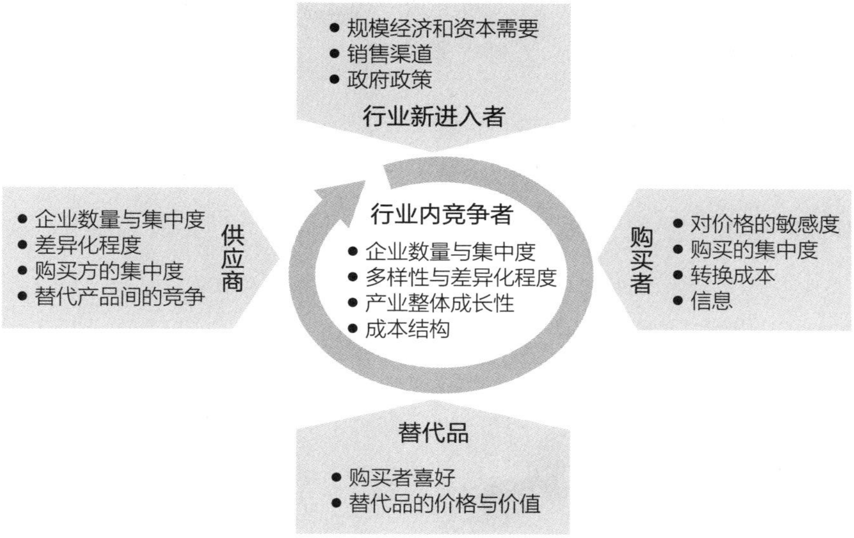

图 1-2 波特的五力分析模型

行业新进入者
- 规模经济和资本需要
- 销售渠道
- 政府政策

供应商
- 企业数量与集中度
- 差异化程度
- 购买方的集中度
- 替代产品间的竞争

行业内竞争者
- 企业数量与集中度
- 多样性与差异化程度
- 产业整体成长性
- 成本结构

购买者
- 对价格的敏感度
- 购买的集中度
- 转换成本
- 信息

替代品
- 购买者喜好
- 替代品的价格与价值

对于企业来说，同一产业中，竞争越小越好。因此，那些竞争对手数量少，没什么高市场占有率的企业，而且容易实现差异化的市场较为理想。若非如此，企业就容易陷入价格战和设备投资战，难以盈利。

同时，竞争的激烈程度也受购买者/供应商与企业间的关系所影响。如果对方议价能力强到企业不得不做出让步，那么不仅产品采购成本会增高，产品售价也会相应调低，这样一来企业仍旧难以盈利。

除此以外，就算企业针对在售商品与竞争企业、供应商和购买者之间都达成了协议也不能完全放松警惕，为什么呢？因为如果其他新进企业在设备、研发、品牌推广等投资及政府监管方面不存在任何障碍的话，前者的战略优势将迅速被后者模仿，竞争急速加剧，企业利润仍会受损。

又或者，如果有一种能替代企业现有产品价值的竞争产品，那么就算这类产品不属于同类别产品，也会因为相互间存在竞争关系而瓜分掉企业部分利润。例如，就算企业在口香糖市场占据压倒性份额，拥有强势的品牌形象和畅通的销售渠道，可是如果顾客出于某种需求（打发嘴闲时光或放松一下等）突然爱上了吃薄荷糖，那么企业利润势必也会受到巨大影响。

所以，波特的五力分析指出，企业需要从五大因素出发，对竞争环境进行综合分析之后，再仔细思考该生产和销售哪种产品。

日本企业的飞跃反驳了波特的理论

不过，波特的理论也存在局限性，即使我们通过五力分析知道了哪个市场更容易赚到钱，但要想进入这个市场却并非易事。这个行业为什么能持续赚钱？先不提成本或技术上的因素，主要原因可能就在于多数企业原本就很难在该行业中分得一杯羹。如果自家企业也不过是众多"无法进入该行业的企业"之一，对那些行业中的幸运儿们只有羡慕的份的话，再怎么做五力分析也是徒劳的。

而且通过历史我们也了解到，20世纪七八十年代日本出现了很多无法用波特理论解释的企业成功案例。

那一时期，丰田、本田等日本汽车厂商开始在美国开展本地化生产，并正式进军美国汽车市场。当时的美国汽车市场已处于饱和状态且成长性很低，大部分市场份额已被福特、通用、克莱斯勒等强大的竞争对手们占据了。虽然日本的汽车厂商当时已经开始向美国市场出口产品，但从企业规模来说，与美国的竞争对手们还是存在着几十倍的差距，这种状况下它们在与零售网络议价时自然也就没什么话语权。

不管是从PPM，还是从波特五力分析的角度来看，这都是不容乐观的状态，但正如我们已知的，日本汽车厂商在那之后成功蚕食了美国汽车市场，其状况之激烈甚至到达了导致日美贸易摩擦这一外交事件的程度。

当然，除此之外，还有一介相机厂商佳能公司成功打入商用复印机市场的案例，而在那之前，富士施乐公司凭借高市场占有率和大量专利项目等优势长期统治着这一市场。这也不属于波特所推崇的商业模式，然而事实上佳能公司却大获成功。

那么，我们又该怎样看待波特理论的局限性呢？

答案就在下一节即将出场的另一大经营战略理论中，它的关注点与波特理论迥然不同。

05
经营战略理论的契合度问题
经营战略的理论背景②

着眼于企业内部优势的杰恩·B. 巴尼

"核心能力"这一概念由于弥补了波特理论的不足而备受瞩目。它代表一种将关注点由企业外部环境转移到企业内部优势的经营战略思考方式,其中最具代表性的就是以杰恩·B. 巴尼(Jay B. Barney)为中心创建的**企业资源观(Resource Based View,RBV)**。

巴尼认为,企业所拥有的资源和使用方式的不同直接导致了盈利能力的差异。经济学用"生产函数"这一概念来表述资本、技术、人才、原材料等资源与产出价值之间的关系,巴尼认为应该重点关注"资源"这一部分,这样有助于制定出优秀的经营战略。

RBV将企业资源分为三种,以资本、工厂等为代表的有形资产,以品牌等为代表的无形资产和以人才、技术等为代表的核心能力。各种资源都能带来竞争优势,所以当企业正确合理地运用这些资源时就能持续盈利。

上述日本汽车厂商与福特相比,虽然在汽车产量上处于劣势(从规模经济的角度来看处于劣势),但它们却借助工业机器人、统计质量管理等工具为自身打造出了"能生产出低成本高品质汽车"的核心能力。与之类似,佳能公司在生产相机的过程中,不仅获得了研发出低价商用复印机的核心能力,同时也巧妙地规避了富士施乐公司掌控的各项技术专利。所以综合来看,这些在波特看来或许是无谋之举的战略最终却能大获成功,其背后还是有一定道理的。

另外，巴尼还进一步提出了 VRIO 框架（如表 1-5 所示），用以检验企业拥有的资源是否可以决定它的竞争优势。VRIO 是 Value（对顾客而言的经济价值）、Rarity（其他企业难以获得的稀缺性）、Imitability（是否是其他企业难以模仿的）、Organization（组织能否有效运用各项资源）的首字母缩写。

我们虽然可以借助 SWOT 分析把握企业的优劣势，但 VRIO 框架却能进一步帮我们探究企业现有资源到底是属于优势还是劣势。通过将资源依次对比 V、R、I、O 等条件，来明确该资源应被归类于优势还是劣势。如果该资源属于优势，那么它是否是企业特有的优势？又能否持续地为企业带来竞争优势？

表 1-3 VRIO 框架

经营资源				竞争优势	优势/劣势
有价值（V）	稀缺（R）	模仿成本高（I）	组织高效（O）		
否	否		否	竞争劣势	劣势
是	否		↑	竞争均势	优势
是	是	否	↓	暂时性的竞争优势	特特优势
是	是	是	是	持续性的竞争优势	持续性的独特优势

波特和巴尼，究竟孰对孰错

PPM、波特认为我们应着眼于外部环境，尽力锁定那些有利可图的市场定位；而巴尼则认为我们应聚焦企业内部优势，思考如何最大限度地运用它。那么，到底哪种才能称得上是优秀战略呢？

据早稻田大学商学院的入山章荣教授总结，虽然这两大阵营曾针锋相对过，但现代管理学家们却普遍认为"两者都重要，视状况而定"。

事实上，巴尼本身也并非认为自己的企业资源观就绝对正确。他认为，对那些进入壁垒高、难以实施差异化、为首3家左右的大企业掌握了大部分份额的市场来说，相对而言，从波特的角度出发去思考企业与供应商和购买者之间的权力平衡较好。炼铁业就属于此类市场。

而在日本家电行业这类进入壁垒较低且容易实施差异化的市场中，我们就应该对企业资源更为关注。当差异化至关重要时，企业就应该通过自身的设计能力和特特技术等优势来谋求收益上的突破。

不过，在思考进入壁垒和差异化之前，我们需要注意的是某些环境变化非常迅猛的市场。巴尼认为，不论是波特还是他本人的理论都无法在这样的市场环境中起效，因为当环境瞬息万变时，企业与业务伙伴间的权力平衡以及企业在市场上所拥有的价值优势也会迅速发生更替。

近年来兴起的IT市场或许就属于这类市场。例如，日本电气（NEC）这家公司在20世纪八九十年代期间占据了日本国内电脑市场的绝大部分份额，在21世纪前几年也成功占领了大部分手机市场。从波特的理论来看，NEC运用规模经济占据了成本优势，同时掌握了流通渠道；而从巴尼的理论来看，NEC拥有了开发制造高品质电子仪器的企业核心能力，并且这项能力无法被其他公司模仿。然而，时至今日，NEC将电脑业务出售给了中国联想，智能手机业务在分拆为子公司后也因为无法赶超对手而不得不退出市场。究其原因就在于，过于迅速的技术创新和市场环境变化导致企业市场份额和核心能力价值在突然之间失去了优势。

这样一来就连波特和巴尼也都束手无策了。对此，史蒂夫·布兰克（Steve Blank）根据《精益创业》（埃里克·莱斯著，日经BP社出版）这本书中提供的理念实践了一种全新的解决方案。布兰克是一位在美国硅谷有着八次创业和四次上市经历的创业家。这本著作中所提及的思考方式也

第 1 章
用于经营战略的统计学

受到了硅谷创业者的广泛支持，而硅谷，众所周知，可谓是市场发展日新月异的代表性存在。精益创业理念的背后是丰田生产方式哲学，即"彻底排除所有无法提高附加价值的现象或结果"的一种理念，这在丰田哲学中被称为"Muda[⊖]"。因此，埃里克·莱斯取其"去除赘肉"之意，使用了英文"lean"这个单词。

根据《精益创业》中提出的理念，初创企业应该先制作最小可行性产品（Minimum Viable Product，MVP）的模型，并验证它能否给顾客带来实际价值。既然是 MVP，那么不管它外观简陋无比、内部结构一览无余也好，还是空有外壳、内部没有任何程序或机械、仅靠人力运行也好，这通通没有关系。因为，这一步最重要的目标就在于对创意做快速验证。

与丰田生产方式的背后有统计质量管理支撑一样，我们在验证 MVP 时可以借助 A/B 测试（即随机对照试验）和统计分析的力量。企业不断进行试制、实验，当测试进程顺利时，企业便可以对产品做进一步完善，或实际拨款给产品营销部门，以此正式启动产品新征程。反之，当测试进程不顺利时，企业便可以快速实施 Pivot（转型）。

"Pivot"在篮球比赛中意为"不移动轴心脚，只改变另一只脚的位置"。根据篮球比赛规定，选手持球走三步以上会被视为犯规，但只要该选手不移动轴心脚，那么不管他怎么重复 Pivot 这个动作都只被计为一步。同样，精益创业推崇的方式是，要么在不改变"顾客或销售方式"这一轴心的前提下改变"产品"，要么在不改变"产品"这一轴心的前提下改变"顾客或销售方式"，通过这种方式逐步对企业战略做调整，以求进一步明确企业战略。正因为在变化多端的市场环境中，技术价值和顾客需求等不确定性很高，所以这种基于数据快速反复试错的过程至关重要。

这就是管理学家们所说的"视状况而定"的具体含义。但对于正在思

[⊖] "无用，浪费"之意。——译者注

考企业战略的我们而言,就算了解了这些理论,也依旧无法抹去脑中充斥着的诸多疑问:"应该进驻怎样的市场?""应该关注企业哪种核心能力?""应该创建怎样的MVP?"

针对这些疑问,管理学家的理论并不能给我们任何启发。我们只能通过实证分析,也就是通过企业实际数据展开客观统计分析才能找到答案。

经营战略的统计分析历史

原乔治城大学教授罗伯特·M.格兰特(Robert M. Grant)的战略论教科书《现代战略分析》据说为欧美各大商学院广泛采用。书中提及了有关战略论的主要实证研究,我在此略做介绍。

在对"波特和巴尼究竟孰对孰错"展开实证研究时,麻省理工学院(MIT)的理查德·舒姆兰奇(Richard Schmalensee)于1985年做的一项研究意义重大。他运用了一种名为方差分析的方法对美国制造业的数据进行了分析,这种分析方法以前从未用在管理学上。舒姆兰奇通过分析明确了"属于哪种产业分类(产业因素)"和"市场份额大小(企业因素)"对企业总资产收益率的贡献大小。

方差分析这种统计方法各位可能鲜有听闻,我将在本章末的补充专栏中对这种方法做出说明。研究结论表明,产业因素对企业总资产收益率的贡献率为19.6%,而市场份额大小的贡献率仅为0.6%。这一结果强有力地印证了波特的理论,它意味着对企业而言比起努力抢占市场份额,选择在哪个市场开展竞争似乎更为重要。

如果总资产收益率受产业因素的影响更大,那么企业就应该尽快出手无法盈利的业务板块,将回笼资金转投到盈利的产业,这样才能获得收益。

然而,之后的其他研究却得出了截然相反的结果。

继舒姆兰奇之后,加利福尼亚大学洛杉矶分校(UCLA)的理查德·P.鲁梅尔特(Richard P. Rumelt)、得克萨斯理工大学的洛克贝尔等人,以及波特本人联合多伦多大学的麦加罕,基于各类数据进行了分析研究,图1-3是他们的研究成果一览。从这张图中,我们大致可以得知:产业因素的贡献率至多2成,企业因素的贡献率为3~5成;处于同一产业的同一企业,其他因素(时代变化等因素)的贡献率也达到了约3~5成。

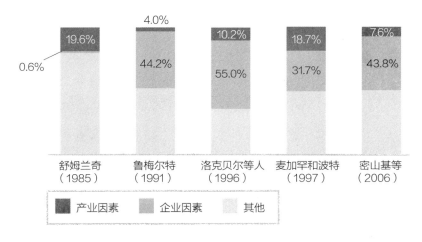

图1-3 产业因素和企业因素对业绩的贡献率(主要研究)

注:舒姆兰奇考虑的企业因素仅指市场份额。

不过,目前为止我们提到的都是日本之外的数据,各位读者可能更想知道日本的企业状况如何。我手头也有关于日本企业的调查结果:NLI基础研究所的小本研究员对1999年至2006年间东京证交所的1091家上市企业数据进行方差分析后得出的结论表明,产业因素对总资产收益率的贡献率为5.5%,而企业因素则高达51.0%。

同时,他又进一步对这1091家企业中销售额在500亿日元以上及1000亿日元以上的部分大企业分别进行了同样的分析,结果显示:在大企业当中,产业因素的影响力略微提高而企业因素的影响力则稍稍降低,但这整体上也并未颠覆"企业因素更为重要"这一结论(如图1-4所示)。

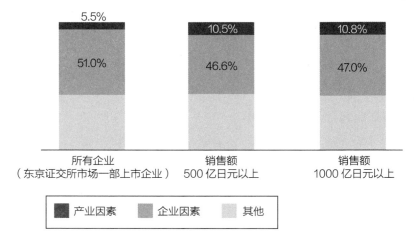

图1-4 产业因素和企业因素对总资产收益率的影响力（日本企业）

当然，这些只是针对"制造业全体平均"或"东京证交所市场一部上市企业的全产业平均"的分析结果，而正如巴尼所指出的，各产业竞争结构的不同可能会导致产业因素的影响进一步加大。不过，即使我们已经通过调查研究了解到企业因素的重要性，但至于究竟该怎样进一步提高企业的核心能力，又该怎样通过提高企业核心能力进而提升企业收益，我们仍不得而知。

管理学家们普遍关心的只是一般意义上的"产业因素和企业因素究竟谁更重要"。这一课题从学术角度来看固然很重要，然而我们所关注的并不是这类普适性理论，而是更期待了解一些具体的内容，例如自己所供职的公司或委托自己进行咨询的公司究竟要采取哪种战略才能获利。

那么，究竟该如何操作？答案就是运用本书所推荐的统计分析手法。我们虽然并非管理学家出身，但通过借助统计分析的力量同样也能发掘到赚钱的企业战略。

06
分析对象的设定
针对经营战略的统计分析流程①

统计学式的战略制定方法

本书建议大家"**视自家企业的具体情况对管理学家们的先行研究进行改造**",即锁定企业现在所处的或将来可能进驻的领域,收集相关数据,分析究竟哪种因素影响了企业的收益性。这里所说的"因素"既包括了"属于哪种细分产业"的产业因素,也包括了"拥有哪种资源和核心优势"的企业因素。通过这类分析,我们就能获得提升企业收益的战略线索。

具体分析步骤如下:

(1)设定竞争市场范围和分析对象企业。

(2)选择合适变量。

(3)收集所需数据。

(4)分析及结果解读。

接下来,我将就各个步骤进行具体说明。我们在针对经营战略进行数据分析时,首先应该思考"如何划定企业参与竞争的市场范围"。就算我们手头有一些成功企业的参考信息,但如果这些企业与我们的性质完全不同,成功理由也无法简单地去生搬硬套,那么这种信息对我们而言就是用处不大的。

分析对象是自家企业,以及至少十几家(几百家以上更佳)企业所在市场中的竞争对手企业。不过，这里所谓的"企业所在市场"，根据它的定义不同，我们得到的分析结果也有着天壤之别。

横向市场分析

在思考如何对市场进行划定时，我们通常会用到日本经济产业省发布的企业活动基本调查等官方统计资料中使用到的标准化产业分类，即"日本标准产业分类"。这套资料主要对日本企业所从属的产业类别进行了详细界定，设有大分类、中分类、小分类和细分类等粒度单位不同的分类范畴，并根据日本本土或全球的产业结构变化每隔几年更新一次。

我们可以参考这种官方的分类方式，但并不一定非得套用。标准产业分类的优点在于可以减少分析人员的主观随意性，有助于我们把握企业所处的直接竞争环境。例如，我们可以了解对方企业是否属于同一产业小分类（或细分类），是否销售同等功能的同类产品，等等。但从"五力"角度来看，如果我们不进一步挖掘到底谁才是我们产品或服务的真正竞争对手，那么就很难对"替代品"和"新进入者"的相关竞争环境进行合理评价。

所以，这时如果我们能从更广义、更抽象的角度对企业所提供的价值进行重新评估的话，展现在我们面前的将是一个完全不同的竞争环境。

例如，有一家主要制作和销售商业软件包的企业，该软件包主要用于提高企业会计业务的效率。在标准产业分类中，这家企业属于"信息服务业"下的"软件业"下的"软件包业"这一细分类。所以，当我们提及同属这一细分类，并且同样制作和销售会计类软件的竞争公司时，相信该企业大部分员工都能立刻报出几家竞争对手企业的名字。

不过，这种狭隘的思维方式可能会使得我们无法把握企业面临的真正竞争环境，因为该企业借由软件提供给顾客的是"会计业务高效化"这一价值，而市场中很多其他企业也都在提供同样的产品价值。

例如，客户也可以选择不购买现成的软件包，而是与"软件委托开发业"的相关公司合作，从零开始构建公司内部的会计处理系统，或者客户也可以干脆选择将会计业务外包给外部的会计事务所。除此以外，委托咨询顾问改善会计业务运作流程、聘请外部讲师在公司内举办会计业务研修活动等都不失为一种选项。

甚至从根本上来说，"会计业务高效化"也不过是"提高企业后勤部门生产率"这一大目标中的一环而已。所以，如果更新办公用品或复印机比引进会计软件更有助于提高生产率，那么客户手中的预算就可能会被办公用品企业抢占。而这些，从波特五力分析的角度来看，都属于"与替代品的竞争"。

波特认为，即使企业在同一产品领域内占据了压倒性市场份额，但如果终究无法竞争过替代品，那么它所占据的市场地位也并不能使它获利。所以，对于那些在客户需求方面存在竞争关系的替代品，我们从一开始就应该将它们视为竞争对手，这一点至关重要。

纵向市场分析

上一节中我提到了如何从横向扩大市场定位，这一节我将介绍一下如何从纵向扩大市场定位。

贝恩咨询公司曾提出一种名为利润池图绘（Profit Pools Mapping）的思考方式。

图1-5是一张关于美国汽车产业的利润池图绘，它对整条汽车产业价值链（从生产到服务）所产生的所有销售额按业务领域进行了划分（横轴），同时列出了各领域的营业利润率（纵轴）。从这张图中，我们看到新车销售的利润率非常之低，只占据了整条产业链销售额的很小一部分，因此，当我们思考对新车销售业务而言到底哪种战略才有利可图时，自然而然地就能想到，我们应该以手头的新车车主资源为优势，向他们提供汽车保险及修理服务（纵向整合）。

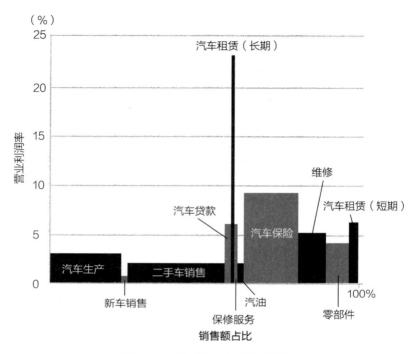

图1-5 美国汽车产业的利润池

以上文中提到的制作和销售商业软件包的企业为例，上游有派遣或招聘程序员的人力资源公司，下游有将软件包集成进公司内部系统的系统集成商，同时还有作为软件使用方的会计事务所，它们可以承接其他企业的会计业务。

像这样，我们除了考虑与替代品之间的竞争以外，还应该将视线纵向扩大至产业链上下游，站在更加广义的市场定位角度去思考究竟是哪些因素决定了收益性高低。

前述 W.钱·金和勒妮·莫博涅合著的《蓝海战略》中，对这种通过扩大市场定位范围进行市场挖掘的思考方式进行了重点阐述。书中提到，企业不仅应该向同业界内采取不同战略的企业学习，同时还应该扩大视野，向替代产业（横向）及配套商品/服务产业（纵向）的企业积极学习借鉴。例如，黄尾袋鼠（yellow tail）葡萄酒就曾在研究了啤酒和鸡尾酒等其他酒类市场后得出结论，"果香馥郁，轻松日常"的产品才是在市场中胜出的关键。就目前而言，这种战略的确非常成功。如果各位读者有兴趣深入了解这种市场思考方式，我推荐大家阅读本书。

综合上述内容，至少有4种对市场的划定模式，或对分析对象的界定方法，如图1-6所示。

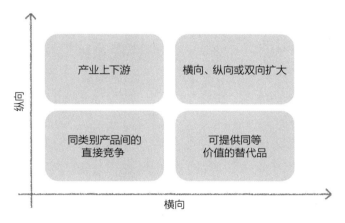

图1-6　市场定位方法示例

其一，针对同类别产品，在存在直接竞争关系的市场中找出影响收益性的因素，由此我们应该能够找到最具体且最直接地改善企业收益性的线索。其二，对市场范围进行横向、纵向或双向扩大，这样我们或许可以找到运用企业现有资源能够尝试的全新领域。

不过，不管怎样，我们都需要锁定最少十几家竞争对手企业来作为分析对象。

非连续性市场分析

以上内容是为了告诉大家如何基于企业的现有业务和资源进行连续且缓慢的战略修正，而当我们思考"能否基于企业现有资源进入其他可赚钱的产业"时，则可能发掘出非连续性的创新战略。

上面提到的日本经济产业省提供的企业活动基本调查显示，高收益产业前20名如图1-7所示。互联网相关服务业以压倒性优势位列榜首，紧接着是汽车厂商等交通运输设备制造业，此外，家具零售业、采矿业、医药品及化妆品业、商用机械器材制造业等的总资产收益率均呈较高水平。

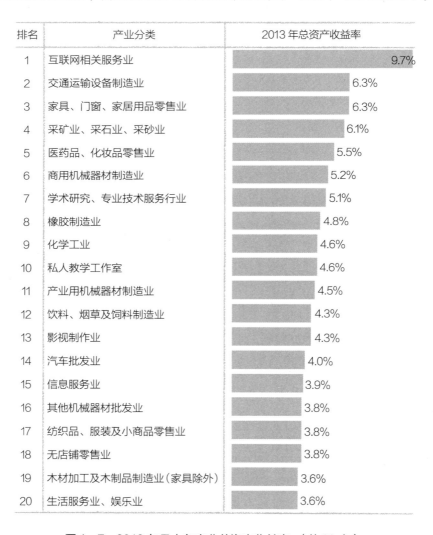

图1-7　2013年日本各产业总资产收益率（前20名）

当我们发现某产业的总资产收益率明显高于企业现有水平，且该产业"与企业现有资源间的契合度也不差"时，那就值得考虑一下是否该进入该产业了。例如，富士胶片株式会社如果按照传统企业战略一味执着于照片及印刷市场，那么在"数字化"这一替代品的冲击下一定早就深陷困境了。但这家公司却选择借助自身拥有的"化学工业"这项核心能力进军了医药品及化妆品这一崭新的高收益性领域，而且至少从目前来看，这项战略是相当成功的。

不过，在进军高收益行业之前，我们必须在切实把握了左右该产业收益的周边性因素（在横向、纵向扩大后的广义市场范围内）之后，再做最终决定。

举个例子，同样根据日本经济产业省的调查统计，2013年报业的总资产收益率仅为2.1%。在此形势之下，想必大家都会想到应该运用报纸的"报道内容"这一优势进军高收益的互联网相关服务业，事实上有很多报社已经在尝试这样做了。

但当我们对互联网相关服务业周边做进一步分析，探明了究竟"是什么影响了收益性"时，就能意识到自身企业与这个产业到底合不合适了。例如，假如分析结果显示该行业整体收益率高仅仅是因为道具收费类网游（也就是社交游戏）企业大幅拉高了收益率平均值，那么，当我们从统计对象中去除这些公司后就会发现其行业平均收益率也就很普通了。

这种情况下，除非该报社是要研发和运营社交游戏，否则我们通常不推荐贸然进入这一领域。同时，"独立制作报道内容"这一因素或许不仅不会帮助其提高收益，甚至反而会带来负面影响。这时，针对那些"运用报社近来或以往的报道资源来……"这类人人都能想到的战略，我们就不得不打一个问号了。

再或者，假如分析结果显示"是否拥有统一的广告平台以向客户提供从数据收集到广告稿优化的一站式服务"才是决定互联网相关服务业收益的关键因素时，那么，比报道内容更值得运用的重要资源或许应该是包括报纸或折页宣传单在内的线下广告媒体优势才是。

07
选择合适变量
针对经营战略的统计分析流程②

在我们确定了将某一市场或是该市场中的某些企业作为分析对象后，接着就该考虑应该对哪些解释变量做分析了。也就是说，我们要对那些可能影响到企业收益性的因素，如应重点关注的重要竞争资源等，收集各类想法和点子。

将你的上司和同事召集到会议室里展开一场头脑风暴也不失为一个好方法，"在这个领域，什么才是影响企业获利的重要因素？""想必是销售能力吧。"不过仅靠这类方法不免会产生疏漏，所以这时我们就可以借鉴一下学者们是如何收集这些分析项目的点子的。我在前言中就曾提到过，其实这也就是调研设计的第一步——把握先行研究。

其实不仅是学者，对所有想通过数据分析收获某种价值的人们来说，这都是非常重要的一个概念。当然，收集加工数据，再将它们分析整理为一篇优美的分析报告，这一过程本身是要费不少工夫的。不过，如果我们通过 Google Scholar 稍做搜索就会发现，自己辛苦做出的这份报告，其内容不过与 Google Scholar 搜索结果的翻译版相差无几，那么对企业而言，你的人工费可谓是全都浪费掉了。

当然，还有最差劲的，那就是有些报告空洞到连 Google Scholar 上一搜便知的信息都没写进去。我经常看到人们费尽心思收集起来的大数据被用来做"以性别来比较"或"以年龄段来比较"这类初级程度的分析，深感可惜。既然要花力气去做数据分析，那我们肯定是要尽己所能，事先花时间、下功夫去做好文献调查，这样才能找寻到世上尚不为人所知的成功之钥。

针对商务人士的系统综述入门

基于上述原因，学者们在做文献调查时通常会使用一种名为"系统综述"的方法。近年来，互联网上出现了很多类型的学术论文数据库，Google Scholar 便是其中之一。我们在这些数据库中输入搜索关键词，例如发表年份、引用文献、所登载的杂志或论文题目中包含的单词时，就能收集到满足条件的所有相关论文，这样我们就能轻松把握前人们的所有研究内容和研究结论了。

我非常理解，让繁忙的商务人士们去做这类琐碎的调查实在是太过严格，所以换种方法，大家也可以参考研究人员们实际整理出来的系统综述，我想这应该对大多数人都很有帮助。

例如，在 Google Scholar 中输入"resource based view"和"systematic review"这两个词语进行搜索时，搜索结果最上方出现的是维拉诺瓦大学的斯科特·纽伯特（Scott Newbert）于 2007 年发表的论文（如图 1-8 所示）。纽伯特首先从经营学（ABI/Inform）和经济学（EconLit）两方面的文献数据库中抽取了含有"resource based view"或"RBV"关键词的文献，再进一步从其中筛选出了 55 篇通过实际数据对企业竞争优势和经营业绩进行统计分析的文献，最后汇总整理出了上述论文。

Google Scholar 显示该论文已被千余篇相关论文所引用。此外，我们可以直接在 Google Scholar 上浏览这些论文的 PDF 版。如果各位英语水平不错的话，我非常推荐大家通读一下。

图 1-8 Google Scholar 的搜索结果一览

对不擅长英语的人而言，系统综述的好处在于，它经常会通过表格对有用的信息做归纳整理。例如，纽伯特的论文将 55 篇参考文献中提到的影响企业业绩的因素归纳为资源（Resource）、核心能力（Capability）和核心竞争力（Core Competence）这三项，并进一步列举了分属这三大项的各具体因素，同时他也对各分析（统计假设检验）结果进行了总结，列举出了围绕各具体因素分别有多少篇论文（占比多少）判定它们给业绩带来了正面影响。具体内容总结在论文 Table4 中，如表 1-4 所示。

表 1-4 纽伯特论文中的 Table4

影响收益的因素种类	对其进行研究的论文数量	假设检验的次数	肯定其有效性的次数	占比
Resource				
Human capital	7	33	11	33%
Knowledge	6	46	9	20%
Experience	5	15	5	33%
Social capital	5	11	8	73%
Innovation	4	10	7	70%

(续)

影响收益的因素种类	对其进行研究的论文数量	假设检验的次数	肯定其有效性的次数	占比
Reputation	4	7	5	71%
Service climate	3	15	6	40%
Economies of scale	3	7	4	57%
Financial	3	7	3	43%
Culture	2	13	1	8%
Physical	2	6	1	17%
Entrepreneurial	2	5	1	20%
Customer-related	2	4	4	100%
Organizational	2	4	2	50%
Racial diversity	2	4	0	0
Top management team	1	11	5	45%
Property-based	1	8	6	75%
Business	1	4	0	0
Environmental performance	1	3	2	67%
Intangible	1	3	0	0%
Managerial	1	3	1	33%
Price	1	3	0	0
Tangible	1	3	0	0
Work-family policy	1	3	3	100%
Technological	1	2	1	50%
Tenure	1	2	0	0
Subtotal	32	232	85	37%
Capability				
Human resource	4	19	12	63%
Innovative	4	8	5	63%
Information technology	3	58	47	81%
Technological	2	13	11	85%
Entrepreneurial	2	7	5	71%
Learning	2	5	5	100%
Cost reduction	2	4	0	0

统计学思维
如何利用数据分析提高企业绩效

(续)

影响收益的因素种类	对其进行研究的论文数量	假设检验的次数	肯定其有效性的次数	占比
Product development	2	4	2	50%
Quality	2	4	0	0
Client retention	1	3	2	67%
Customer relationship building	1	3	3	100%
Information acquisition	1	3	1	33%
Knowledge	1	3	3	100%
Market orientation	1	3	3	100%
Negotiation	1	3	1	33%
Specialization	1	3	3	100%
Supplier relationship building	1	3	1	33%
Title-taking	1	3	3	100%
Communication	1	2	1	50%
Distribution	1	2	2	100%
Research and development	1	2	1	50%
Ancillary	1	1	1	100%
Change	1	1	1	100%
Leveraging	1	1	1	100%
Merger and acquisition	1	1	0	0
Medical	1	1	0	0
Pricing	1	1	0	0
Subtotal	19	161	114	71%
Core competence				
Marketing	2	5	3	60%
Technological	2	5	4	80%
Architectural	1	8	4	50%
Regulatory	1	4	3	75%
Component	1	1	1	100%
Integrative	1	1	1	100%
Subtotal	3	24	16	67%

表1-4选取了论文相关表格的部分内容。最左列的英语在商务中经常会被用到,例如,Human capital 指的是人力资本,Knowledge 指的是知识,Experience 指的是经验,等等,所以这些内容对于现代商务人士来说应该都是谙熟于心的。

剩下的就都是数字了。对了,原表中标注"Tests"的地方指的是"假设检验的次数"。对于这部分内容,大家就不仅要通读全文,或许还需要多少适应一下统计学专业术语和管理学实证研究类论文了。不过,至少只要翻译出最左列的英语单词,我们就可以了解哪些内容曾在先行研究中被讨论过,也能获得一些有关企业资源或核心能力的灵感了。

当然,在这个阶段,它们还只是抽象的灵感。即使我们发现有 1/3 的数据认为人力资源影响了企业业绩,但具体而言,到底是哪种人力资源优势对哪个行业的哪项业绩产生了重要影响呢?想对此一探究竟,我们还是得通读一遍所有论文。

不过,我们完全可以将这些作为头脑风暴的关键词来讨论,当然也可以围绕这些内容进一步收集详细数据。就算是那些不擅长英语的人们,也能轻松掌握和运用这种方法。而且,这些论文中的研究对象大部分都是欧美企业(尤其是美国),我们不一定能直接将它们套用到日本的产业领域中去。例如,假设研究结果显示在美国 Racial diversity(种族多样性)能够提高企业收益,但在日本企业中是否同样如此呢?我们就不得而知了。

不过,无论怎样,以这些研究内容作为讨论基础都是绝对有益的。如果大家聚在会议室里从零开始讨论"什么才是在业界获得成功的最重要因素",那么别说人力资本(Human capital)了,就连企业信誉(Reputation)、平衡家庭与工作的政策(Work-family policy)之类的观点我想都没人提出来。

这时，如果我们基于上述表格逐项展开讨论，就能得到很多好点子。例如，当大家集思广益，具体探讨"什么样的人才对我们这行来说很重要"时，我们就能得到很多更为细致的点子，如媒体资源丰富的 PR 负责人或是擅长某项特定技术的工程师等。

又或者，将这个问题反过来，当我们思考"什么样的人对我们这行来说很棘手"时，或许会有人认为是那些"虽然单子能拿很多，但因为报价太低或不严谨，每次都不赚反亏的销售人员"。以此反推，我们应该能得出结论："那些不盲目接单子，能参考实际成本谨慎细心地做报价的销售人员"才是左右企业收益的重要人才。

这一步的关键在于，不要轻易以"与业绩无关"为由否定讨论过程中出现的点子。当然了，"经营者是什么星座"这类无关痛痒的内容我们的确没必要去理会。不过，既然这一步的主要目的是为后续分析收集尽可能多的数据，那么在分析结果还没出来之前就随意缩小范围很可能会让我们与一些重要发现失之交臂。

除了公司内部人士和国外管理学家的见解以外，我们还可以参考一些面向大众的商业杂志和书籍。《周刊钻石》《周刊东洋经济》《日经商业》等商业杂志或其他种类的业界专业周刊等不仅登载了各路专家的观点，还为我们提供了丰富的企业成败案例。

近年来，我们不仅可以在网上浏览这些报道，还可以去附近图书馆查阅到各类杂志过往期刊，很多企业也订阅了专业的行业期刊。当然，我并不推荐去盲目套用这些杂志上的商业案例，这是极具风险的。不过，以它们为基础来做数据分析还是十分可取的。

表 1-5 是我根据纽伯特的论文为读者们总结出的一张问题汇总表，大家在苦恼于不知该分析哪些项目时可作为参考。

表 1-5　针对战略分析的问题汇总表

关于人才和组织

当前业界中，哪种人是能给企业带来利润的重要人才？

当前业界中，企业或个人积累怎样的经验将能创造利润？

当前业界中，企业或个人拥有什么样的知识能创造利润？

当前业界中，谁的什么样的交流能力能创造利润？

当前业界中，拥有怎样的组织特征能创造利润？

当前业界中，拥有什么样的员工多样性能创造利润？

当前业界中，支持谁的什么样的工作家庭平衡能创造利润？

当前业界中，拥有为谁制定的什么样的雇佣制度（如终身雇佣制等）能创造利润？

当前业界中，采取什么样的人事制度能创造利润？

当前业界中，与管理层之间保持什么样的关系能创造利润？

当前业界中，拥有什么样的企业氛围（如奉献型的企业氛围等）能创造利润？

当前业界中，什么样的企业文化能创造利润？

关于物品和资金等有形资产

当前业界中，什么样的财务状态（如现金流、总市值等）能创造利润？

当前业界中，什么（如设备、人数、资金等）具备数量越多收益性越高的规模经济效应？

当前业界中，拥有什么样的有形资产（如土地、机械、生产厂房、所有权等）能创造利润？

关于通过市场营销等获得的无形资产

当前业界中，获取、维持什么样的顾客能创造利润？

当前业界中，针对谁进行什么样的市场营销能创造利润？

当前业界中，针对谁拥有什么样的议价能力能创造利润？

当前业界中，针对什么产品拥有什么样的流通渠道能创造利润？

当前业界中，企业或个人获得哪种人的怎样的信任能创造利润？

当前业界中，企业或个人与顾客维持怎样的关系能创造利润？

当前业界中，谁和谁之间拥有什么样的信任关系、规范或人际关系能创造利润？

当前业界中，拥有什么样的无形资产（如品牌、与业务伙伴之间的关系等）能创造利润？

(续)

关于技术与创新
当前业界中,拥有什么样的技术能创造利润?
当前业界中,拥有什么样的研发能力、研发什么样的产品能创造利润?
当前业界中,什么样的产品、什么品质的服务能创造利润?
当前业界中,针对什么拥有怎样的价格竞争力或成本削减能力能创造利润?
当前业界中,拥有或引进什么样的IT技术能创造利润?
当前业界中,拥有什么样的环境特性能创造利润?
当前业界中,什么能激发企业或个人进行创新,从而创造利润?
当前业界中,谁的什么样的创业精神能创造利润?
当前业界中,谁拥有学习什么内容的能力能创造利润?
当前业界中,获得什么样的奖项能创造利润?
当前业界中,进行什么样的研究开发能创造利润?
当前业界中,开展什么样的改革能创造利润?
关于战略
当前业界中,对什么内容进行怎样的强化能创造利润?
当前业界中,进行怎样的吸收合并能创造利润?
当前业界中,采取什么样的价格和收费体系能创造利润?
当前业界中,对什么进行怎样的组合或整合能创造利润?
当前业界中,受到什么样的制度优待能创造利润?
当前业界中,针对什么发挥什么样的杠杆效应能创造利润?

08
收集所需数据
针对经营战略的统计分析流程③

当我们大致确定了分析对象以后,就可以着手收集实际数据了。

这一阶段的工作有两大要点:其一,尽可能收集客观准确的数据;其二,如果难以做到也不要轻易放弃,那些带有主观性的数据也同样值得收集。

首先收集客观的公开数据

首先我们聊聊第一个要点。假设你想探明"赚钱的企业和不赚钱的企业之间的差别在哪里",分析对象也已选好了,那么接下来该做的就是收集尽可能准确的数据来把握各个企业的 Outcome,也就是"赚钱程度"了。

如果你本人供职的或委托你做数据分析的是重厚长大产业⊖领域的大企业,那么要想找到反映"赚钱程度"的数据并不难,因为这些企业的竞争对手大多都已上市,财务信息都是公开透明的。我们只要登录雅虎财经或日本经济新闻社等网站,除了最新年度的财务数据以外,还能搜集到过去 5 年或 10 年的总资产收益率等经营指标。

⊖ 在新技术革命中,日本把钢铁、造船、石油化工、纺织、汽车等产品体积大、分量重、生产批量大的工业部门称为重厚长大产业。相对地,把计算机、自动办公用具、信息处理机等生产部门按其体积小、分量轻等特点称为"轻薄短小"产业。——译者注

我们最好不要单看某一年度的数据，因为单一年度的数据可能会受当年"凑巧发布了款人气产品""凑巧拿到了个大单子"，或者"不巧因产品召回或自然灾害遭受了巨额亏损"等因素影响。所以，相对而言，我们可以取一定时间段（例如5年左右）的平均值，这样更有助于我们准确把握"赚钱程度"。当然，如果这个时间段过长，不仅我们要费时费力地收集数据，而且很容易会因企业过去辉煌的历史业绩（现在业绩相对低迷）而对它做出过高评估。

为什么要用总资产收益率来评价"赚钱程度"

在所有衡量"赚钱程度"的 Outcome 当中，我推荐大家参考舒姆兰奇和鲁梅尔特，将总资产收益率作为分析对象。关于这点，我也有自己的考量。

当我们将销售额作为分析对象时，那些一边背着赤字一边大幅甩卖的企业就很可能被归为"赚钱的企业"。而当我们将营业利润和经常利润⊖作为分析对象时，会很容易得出"总资产越多的企业利润额也就越大"的结论。但这种结论对企业而言毫无意义，因为我们想知道的是该怎样利用企业现有的资本去创造更多的利润。所以，如果有一种经营战略，虽然能带来高额利润，但投资与回报并不成比例的话，我们也是不能贸然执行的。

因此，舒姆兰奇和鲁梅尔特对经营战略的收益性进行评估时用的是总资产收益率，其他管理学家也会使用诸如托宾Q系数⊜等更专业的指标作为 Outcome，但总资产收益率的数据相对而言更容易收集，也更适合本书

⊖ 在日本会计准则中，营业利润指的是毛利润减去销售和一般管理费用，而经常利润指的是在营业利润基础上，加上与企业主营业务无关的营业外收入，同时减去营业外支出。——译者注

⊜ 托宾Q系数为公司市场价值与其资产重置成本的比率。

读者用它来试水统计分析。

另外，当我们对初创企业做分析时，除了当前收益率以外，还要考虑到市场对它的预期，所以有时我们也会使用企业市值作为"可能达到的赚钱程度"，而非"实际的赚钱程度"。

将非上市企业也纳入分析对象

对重厚长大产业的企业来说，由于大部分竞争对手都已上市，因此完全可以用这些上市企业公开的过往几年的总资产收益率的平均值作为"赚钱程度"的指标，然后再根据收集到的数据分析各类经营资源对总资产收益率的影响大小。

不过，当我对"九州南部公路沿线的零售连锁店"这一市场做调查时，又该怎样去收集竞争企业过往的总资产收益率等数据呢？

这个市场涵盖了药妆店、超市、家居建材中心等各个业态的零售店，其中当然也包括一部分非上市企业。每家零售店各有一小部分商品存在相互竞争的关系。虽然其中部分企业的营业额和利润规模大到足以上市，但仍然只有少数企业会将财务数据公布在企业官网上。

这些支撑着区域经济的非上市中型企业，要想收集它们客观且准确的总资产收益率等数据，其实还是有迹可循的。

例如，很多企业在对贸易伙伴进行资信调查时用到的帝国数据银行，就广泛收集了包括非上市企业在内的日本各地企业的大量财务相关数据。通过帝国数据银行官网，我们可以直接购买相关数据，每家公司的数据约售价几百日元。通过这一途径，我们至少能够获得企业某一年度的销售额和利润等信息。如果资金充裕，我们还可以购买更加详细的财务数据，再通过这些数据计算出企业的总资产收益率。

有时，即使分析的是重厚长大产业，我们也会将企业上下游以及销售替代品的多家非上市企业纳入分析对象。很多时候我们分析下来发现，反而是这些非上市企业在悄悄赚取着巨额利润。这一结果或许能为我们的新战略制定提供一些灵感和线索。

有了网上公开数据以及帝国数据银行等提供的信息，我们基本上能准确地搜集到有关日本某家企业"赚钱程度"的具体数据。

那么，又是哪些企业属性或经营资源影响了这些数据呢？对于这类解释变量，我们也同样需要收集尽量客观准确的数据。与销售额和利润等一样，我们也可以通过公开数据或帝国数据银行等提供的信息来掌握某一企业的员工人数、成立年数、行业分类、主要贸易伙伴等关键经营信息。

我在上面曾提到将销售额设定为"赚钱程度"的 Outcome 是不妥当的，但我们却完全可以将销售额视为可能左右总资产收益率的解释变量之一。

假设分析表明"销售额越高，企业收益率也越高"，说明规模经济发挥了效应，此时企业即使考虑向银行申请贷款也应该采取扩张型战略。相反，如果"销售额越高，企业收益率越低"，那么我们可以得出结论：不要盲目扩张，应该在维持适当规模的同时，寻找能提高企业收益率的差异化要素。

如何委托调研公司才精准高效

化妆品市场中"顾客对品牌的整体印象"，餐饮市场中"顾客比较满意餐厅的哪一方面"等，部分市场中顾客的感受和想法尤为重要。对于这些内容，我们也能收集到相当准确的数据。

日经 Research 或日本 Oricon 等知名调研公司，针对包括区域中型企业在内的各类企业，持续开展大规模调研并对外销售相关数据。因此，你想要的数据多半已由各类调查公司搜集完成并对外销售了，何不尝试通过

第 1 章
用于经营战略的统计学

Google 搜索试试或直接问询相关公司的销售窗口呢!

另外，在与这些调研公司开会时，我建议大家首先准备好分析对象企业一览表，然后问一问对方，"在统一模板下，你们能提供这些企业的哪些数据呢？"（也就是说，你们有哪些数据是所有分析对象企业都有的呢？）

根据他们的回复，你就可以大致了解，如果从该调研公司购买数据，你可以就哪些解释变量进行分析，或无法就哪些解释变量进行分析。反过来说，如果大部分分析对象企业都没有数据，或者即使有也凌乱琐碎到无法统一，那就意味着即使你购买了这些数据，对实际分析可能也派不上什么用场。

不过，被调研公司们设定为调研对象的企业群基本上都是经它们研讨后被定义为"足以代表该市场整体现状"的企业。因此，如果这些企业与你事先设定的分析对象企业群相差很大，那么不妨尝试一下逆向思维，即先对调研公司手头数据齐备的企业做一轮分析。这也是有意义的。

除此之外，一些业界团体或专业化智库等机构也会定期开展调研统计，这些统计结果一般只用在定期报告中。你也可以尝试联系这些机构，看看他们能否许可你使用他们的数据。

如果经过上述努力，你仍然发现"哪儿都没有我想要的数据"，那就只能凭一己之力来调研收集数据了。

有关上面提到的品牌形象或顾客满意度等项目，我们只要问问消费者就知道了。所以当调研公司没有相关数据时，我们可以委托日本明路（Macromill）或乐天 Research 等在线调研公司，以数百人数千人为对象进行实际调研，并获取数据。

如果调研对象是居住在乡村地区、不太会上网的老年人，那么我们可以根据情况委托传统调研公司进行调查。这些传统调研公司更擅长于通过调查员进行实际线下调查。相对而言，成本会比网络调研高一些。

收集带有主观性数据时的注意事项

但难点在于那些"从外部完全无从得知的企业内部信息"。例如,"销售团队是否强大""年轻员工的建议能否得到积极采纳和实施,组织氛围是否通透贤明"等,这些一般人都能想到的影响企业盈利的因素,一旦我们开始着手收集相关数据,往往会发现完全无从下手。

这时,就事关我们前文提到的第二个要点了,即"也可以收集那些带有主观性的数据"。

我之所以接受"带有一些主观性的数据",主要是因为"如果仅仅由于无法收集到客观数据就轻易放弃那些重要的分析指标,未免太可惜了"。所以,相对而言,就算数据多少带有些主观性也是可以接受的。此时,我们能做到的最低限度的数据收集方法就是:向那些熟知竞争企业的人士分发调查问卷,通过五级量表法来收集相关信息。

不过,我们还是应该尝试做些努力以让这类调查尽量保持客观准确。如果只听一面之词,则很可能会因为对方个人原因(如"有个很讨厌的朋友在那里工作"等)导致问卷回答出现偏差。那些常在居酒屋里醉醺醺地嚷嚷着"是我们撑起了整个公司"的销售员们,在评价绩优企业时,很可能会为了自圆其说而下意识地夸大对方的销售能力,自顾自地认为"这家企业的销售能力也一定很强"。

所以,如果可以的话,请尽量增加调查对象人数,然后取平均值。甄选调查对象时,也请花点心思选择那些与分析对象企业(包括自身企业在内)有关联的,且持中立立场的第三方人士(如业界报纸期刊的记者,或与各企业有贸易往来的其他行业的销售人员等)。

如果从企业内部收集到的回答与从企业外部收集到的回答呈现出完全不同的趋势,那么这时也不用勉强取其平均值,而应当将它们作为"互不相同的两个项目"纳入到分析当中。实际上，很多管理学家和社会学者都曾用过这样的分析方式。

数据汇总方法

当我们收集到所有客观性数据和主观性数据后，接下来要做的就是将这些数据汇总成一张总表，一家企业占一行，同时确保每家企业的每个项目（列）中都没有数据缺失。

最常见的表格形式为：第一行是项目名称，第二行开始输入数据。从左往右，第一列是企业代码（上市企业代码或帝国数据银行用的企业代码等），第二列是企业名称，第三列是代表"赚钱程度"的总资产收益率，第四列及之后是可能影响到企业收益性的各种解释变量（如表 1-6 所示）。

表 1-6 数据汇总的表格示例

企业代码	企业名称	总资产收益率	员工数	…
4289538025	原工业	4.23%	628	…
6839174958	真锅电工	-0.03%	713	…
7861986783	菱井工业	3.21%	1210	…
…	…	…	…	…

如果你发现有些单元格中的信息是怎么也没法收集和录入的，那么在对整体分析影响不大的情况下，你可以选择将含有这一项目的企业从分析对象中剔除。又或者，当这一列是无法用数字衡量的定性值（如所属行业的细分类等）时，你可以尝试设置"无匹配值"或"其他"等新分类；当这一列是定量值时，你可以暂时取其他企业的平均值或中间值（五级量表法的话就取第三级）作为替代。这种处理方法比较现实可行。

如果大家想进一步了解上述处理方法存在的问题或现代统计学理论与方法，那么推荐大家去读读《不完整数据的统计分析》（岩崎学著，经济学人出版）或《缺失数据的统计科学》（高井启二等著，岩波书店出版）这两本书。

那么，究竟是哪种企业属性或哪类竞争资源左右了企业收益？收集完数据后，我们终于可以开始统计分析之旅，找寻这一问题的答案了。

09
分析与结果解读
针对经营战略的统计分析流程④

统计方法的种类十分繁多,不过如果以本章主旨为目的,初学者们只要先掌握多元回归分析这一种就可以了。

所谓多元回归分析,简单来说就是对"多个要素与某一数值间的相关性"一次性分析到位的方法。例如,在本例中,我们将分析多个要素与总资产收益率这一数值间的相关性。另外,稍作一提,本书中有关统计方法的解释说明大多是对我的前一本书《统计学,最强的商业武器(实践篇)》的总结概要,想要具体了解这方面内容的读者请阅读这本书。

简单汇总统计的两大局限

大部分不了解多元回归分析的商务人士们在验证"销售能力与收益率是否相关"这一假说时,做完数据统计后都会做一张图示的柱状图(如图1-9所示)。

围绕各家分析对象企业,调查人员向公平公正的第三方询问"你认为这家企业的销售能力强吗",然后根据问卷调查结果将企业分组并计算各组企业总资产收益率的平均值,最终将其汇总为这张图。被评价为"完全不认为"的企业组平均总资产收益率仅为2%多点,而与此相对,被评价为"非常认为"的企业组平均总资产收益率则高达近5%。根据图1-9我们可以推断:销售能力是帮助企业在市场中斩获成功的关键。因此,组建强有力的销售团队才是有助于提高企业盈利能力的战略。

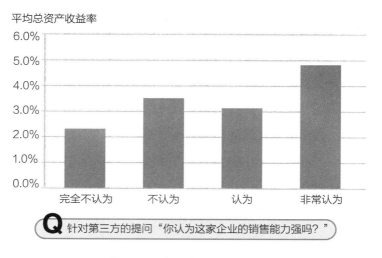

图1-9 交叉分析的汇总图表

但这类简单汇总统计至少存在两个局限。

其一,费时费力。到目前为止,本章介绍了如何借助前人智慧去发掘那些我们自身从未想到过的、数目庞大的解释变量。如果大家切实遵循了这个流程,那么解释变量的数据可能会多达几十个甚至几百个。

这本身的确是件值得高兴的事,但这也同时意味着我们需要通过Excel做数百次统计。试想一下,我们到底要点击多少次鼠标才能完成这样一个规模庞大的任务呢?即使我们能用Excel宏来提高统计效率,但最终还是免不了浏览上百张图表。如果到头来结局仍是"搞不清到底哪张图表更重要",那么我们费劲艰辛收集来的数据就仍然无法产生价值。

说一千道一万,我们想知道的只是"从统计学角度而言,具有可信度的且能解释企业间收益率差别的解释变量"而已。所以,如果我们能灵活运用本书提到的多元回归分析法,那么不管备选解释变量是几十个还是几百个,我们都能迅速锁定那些我们想要知道的信息。

其二,我们无法了解通过简单统计找到的"答案"是否是导致差异产生的真正原因。例如,通过图1-9我们可以得出"销售能力影响了企业的收益率"这一结论，但也有可能仅仅是因为销售额较高的企业将多余的现金用在强化销售能力上了而已。

也就是说，可能关键只是"销售额上去了，规模经济发挥效应，导致企业收益率提高"，所以只要企业规模达到一定程度，即使不怎么做销售，收益率也会增加。在这种情况下，就催生了"销售额高的企业收益率高，同时销售团队也大多强大"的结果。所以，我们得到的"销售能力强的企业收益率高"的这张图提供的只是些流于表面的信息。在这一前提下，就算那些销售额低的企业勉强提升了销售能力，也并不能给收益率带来多大改善。

多元回归分析这种多变量分析方法则能以"在其他解释变量条件固定的情况下，该解释变量每增加 1，总资产收益率会增加或减少多少"的形式呈现出具体的分析结果。

用这种方法分析上述案例，当我们将销售额和销售能力这两个因素都设为解释变量时，可以得出的结论是："在销售能力这一条件固定的情况下，企业销售额越高，收益率也越高"，或"在销售额这一条件固定的情况下，销售能力的高低与企业收益率几乎无关"。

综上所述，通过多元回归分析得出的结论比通过简单汇总统计得出的结论更清晰明了。

逐步回归法与对变量选择做人工确认

我们选择多元回归分析是因为它不像简单统计那样具有局限性，但需要注意的是，**解释变量的数目必须少于分析对象企业的数目。**

我们在做经营战略分析时，将竞争对手企业罗列出来后通常会发现，被列为分析对象的企业顶多只有 30 多家。当然，并不是说少到 30 家就无法做分析了，不过从数理逻辑上说，我们没法用 100 个解释变量对 30 家企业做多元回归分析。

当解释变量的数目为 29（比分析对象的数目少 1）时，就像中学时解联立方程式一样，我们确实能得出毫无误差的"与数据完全一致的相关性"，但解释变量的数目只能止步于 29 个，不能再多了。

"有多少家分析对象企业，相应的解释变量上限就是多少。"虽然统计学当中并没有这类具体标准，但我们在制定经营战略时，分析对象一般顶多只有 20~30 家。这种情况下，我们最好只选择几个从统计学角度而言具有可信度的且对收益率影响较大的解释变量做多元回归分析。

那么，我们又该怎么去筛选出这些解释变量呢？这也属于统计学的工作范畴，行业术语是"变量选择"。不管备选的解释变量有多少个，我们都能通过一类机器算法筛选出那些从统计学角度而言具有可信度的变量，进而推导出多元回归的分析结果。

在 SAS、R、SPSS 或 Stata 等统计分析工具所提供的各类算法中，我推荐一种名为**逐步回归法**的算法。当然，分析工具不同或分析工具中设定的选项不同，各个版本之间会有少许差别，但逐步回归法所共通的基本理念在于：从多个解释变量中选取一个来做回归分析，从而找出影响最为显著的解释变量。

接着，再从剩余的解释变量中选取一个与最初选中的（影响最为显著的）解释变量进行组合，然后再做多元回归分析，继续寻找哪一个才是影响最为显著的解释变量。

如此逐个引入解释变量，同时按照一定的标准检查是否存在应剔除的解释变量。如果存在，则剔除。重复这一过程，直到再没有需要引入的解释变量，也没有需要剔除的解释变量时，结束搜索。

这样，当我们运用最终被选取出来的解释变量进行多元回归分析时，得出的结果才是真正基于数据推导出来的"与收益率最为相关的重要解释变量"。

虽然我觉得对一般商务人士而言"用逐步回归法做统计分析就足够了",但近来也有人认为,斯坦福大学统计学专业的罗伯特·提布施瓦尼(Robert Tibshirani)教授在1996年提出的LASSO算法或其派生方法比逐步回归法更适合用来选择解释变量。

不过,相较于方法本身,在实际操作时我们更需要注意对解释变量选择结果进行确认,看看**"有没有将那些过于理所当然的解释变量剔除出去"**。

比如说,当我们根据帝国数据银行提供的数据进行汇总时,一不小心将营业利润留下来作为解释变量备选了。营业利润额增加,总资产收益率便增加,这是再自然不过了。但当我们将其选为多元回归分析的解释变量时,那也就意味着我们得出的其他解释变量与总资产收益率之间的相关性,都是基于"在营业利润额相同的情况下"这一条件。这个假设既不现实也毫无意义。我们原本想了解的是到底"哪种因素与企业收益率相关",但现在这一分析结果显然失真了。

又或者,机器筛选出的解释变量虽不至于到"理所当然"的程度,但如果属于"就算知道了也无济于事"或"让人感觉怪怪的",那么就要尝试将其剔除并重新选择解释变量,这一过程也至关重要。

如果无论有没有经过"在知道了也无济于事之类的解释变量固定的情况下"这一条件的调整,最终都筛选出了同一解释变量,那就说明该选择结果还是值得信赖的。不过,实际上也有可能在剔除了该"知道了也无济于事的解释变量"后,我们会发现其他新的重要解释变量。

无论算法本身多么先进,从数学或机器角度来说,这些算法基本上都在试图找出"最为匹配"的分析结果。所以,反过来说,带着"匹配是匹配,但完全没有意义"的想法,发挥人工检查的意义,重新审视筛选结果的过程也是极具价值的。

分析解读实例与基础知识

通过机器算法和人工确认对解释变量做出取舍后，我们就能得到多元回归分析的具体结果了。分析结果显示几个看上去像那么回事儿的解释变量的确能对企业总资产收益率的差异做出解释，但并不是说分析完就万事大吉了。

根据分析结果决定采取哪种行动，这才是给商业活动带来价值的部分。假如我们得到的是如表 1-7 所示的结果，那么该怎样去理解呢？

表 1-7　多元回归分析的结果

解释变量	回归系数	95%置信区间	P 值
截距	-0.35	-2.73~2.03	0.764
进军了东南亚市场	1.22	0.01~2.43	0.049
销售能力强 （面向第三方实施的 4 等级评分）	0.47	0.01~0.93	0.045
拥有专利数 （取自专利数据库）	0.02	-0.01~0.07	0.093
产品研发能力高 （通过市场调研实施的 4 等级评分）	0.20	0.01~0.39	0.038
广告有品位 （通过市场调研实施的 4 等级评分）	0.23	0.02~0.44	0.034
服务支持差 （通过市场调研实施的 4 等级评分）	-0.29	-0.49~0.09	0.007

通过解释变量选择，我们总共筛选出了 6 个"从统计学角度而言具有可信度"且"并非理所当然，也非稀奇古怪"的解释变量，其中包括"进军了

东南亚市场""销售能力强""拥有专利数",以及通过市场调研得知的在大众印象中是否"产品研发能力高""广告有品位"和"服务支持差"。

乍一看,好像都很理所当然。但如果原本除了这些以外,"销量规模""是否销售某种特定商品"以及"市场对所售产品价格划算度的感受"等变量也在备选之列,结果终究还是上述 6 个变量被选中了的话,那就意味着:比起那些走扩张路线追求规模经济效应、新进入某个市场或发动折扣攻势等战略,致力于强化这 6 大解释变量方向的战略才是更值得期待的优良战略。

回归系数(准确地说是偏回归系数,本书为追求简洁易懂,特简称为回归系数)指的是,"当解释变量每增加 1 或满足某种条件时,总资产收益率会增加或减少多少"。该回归系数只是从本次数据中推算而来,因此,即使在同等情况下再做一次调查分析,也并不一定能得出同一个系数。话虽如此,但这并不意味着结果完全不值得信赖。

接下来,通过各回归系数右侧的 95% **置信区间**,我们就能了解到一个范围——即我们无数次收集分析数据后得到的回归系数"大致都落在这个区间内"。当这个 95% 置信区间的两端均为正值或均为负值时,我们就很难认为"与总资产收益率毫无关系(回归系数为 0)"或"不如说是负相关(与回归系数正负完全相反)"。当然从最右侧的 **P 值**中也能得出同样的判断。

P 值指的是(在其他解释变量的条件固定的情况下)如果该解释变量对 Outcome 没有任何影响,只因数据波动而偶然产生该回归系数的概率。也就是说,P 值越小,分析结果就越值得信赖,一般情况下以是否低于 5% 作为判断标准。

根据表 1–7 我们可以得知,仅就"是否进军了东南亚市场"这一项差别就导致平均总资产收益率出现了 1.22% 的差异。且该项的 P 值为 0.049,小于一般判断标准 0.05,这就意味着:"仅因数据波动或误差导致偶然产生此差异的概率低于5%，因此该结果是值得信赖的"。我们再看看95%置信区间，在已考虑误差的情况下，我们可以期待最少0.01%、最多2.43%的利润率提升。

可能大家猛地一看会觉得这并不是什么天文数字，但上市企业自不必说，看看那些非上市企业的资产负债表，总资产几十亿日元到几百亿日元的企业在日本比比皆是，而那些家喻户晓的大企业们则更是动辄坐拥数千亿日元到数万亿日元以上的资产。

假如企业总资产为1000亿日元，获利为30亿日元的话，总资产收益率为3%。而如果你找到了那个能让收益率增加1.2个百分点的解释变量，同时也完全有可能让企业朝着那个解释变量的方向发展（以本例而言，即企业目前尚未进军东南亚市场，但今后计划进军）的话，那就意味着你发掘到了每年能让公司比现在多赚12亿日元的好点子。

让我们再来看看其他的解释变量。围绕"销售能力"这一解释变量，面向第三方实施4等级评分后，我们得出的结果是评分每上升1个等级，总资产收益率就上升0.47%。因此，如果能努力将企业的销售能力从评价较低的状态提升2个等级，那也就意味着我们可以将企业的总资产收益率提升0.94%。

另外，在"拥有专利数"这一方面，专利每增加1项，总资产收益率便上升0.02%，虽然上升幅度相当小，但专利数的数目可比4等级评分的范围要大得多。既有完全不拥有任何专利的企业，也有像丰田或东芝这种每年提交数以千计新专利申请的大型制造业企业。当然，想一口气达到这种规模是很困难的，但如果企业通过致力于研究开发申请到了50多个能产生价值的专利，那么也就意味着这平均能会给企业带来1%的收益率提升。

不过，当分析对象企业为数不多时，一般情况下P值容易偏大，该解释变量中P值就比0.05%大。而且通过置信区间，我们还发现，"说不定专利越多，收益率还可能小幅下降（−0.01%）"。所以，如果只根据"是否低于5%"这个统计学惯例来判断,我们会认为"有可能只是数据波动而偶然产生的回归系数"。如果你对此心存疑虑,那么可以尝试用更多的企业数据来验证专利数与总资产收益率之间的关系。

除此之外,在消费者意识调查环节,当顾客被问到是否认为该企业"产品研发能力高""广告有品位""服务支持差"时,得到的结果显示,评分每上升1个等级,总资产收益率就会相应上升或下降0.2%~0.3%,这也许向我们指明了企业今后该努力的方向。

另外,截距的数值则表示:当所有解释变量都取0时,系统推算出的总资产收益率值。

在这类分析中,由于"解释变量不可能都取0",因此理解起来比较困难。不过假设有一家企业,它既没有进军东南亚市场也完全没有专利,销售能力、产品研发能力、广告品味以及服务支持均是4等级中的最低评分(1分),那么

$-0.35 + 1.22 \times 0 + 0.47 \times 1 + 0.02 \times 0 + 0.20 \times 1 + 0.23 \times 1 - 0.29 \times 1 = 0.26$

根据上述计算,我们可以预测出这家企业的总资产收益率可能在0.26%左右。对于其他状况较好的企业而言,我们同样也可以利用截距值、各解释变量值及其对应的回归系数值来推算"其平均总资产收益率可能会达到多少"。

更细致的分析方法与我不推荐此类方法的理由

如果你想进一步做更加细致的分析,那么在同样做多元回归分析的情况下,有几处需要额外下点功夫,在此我也一并做一下介绍。

例如,就销售额和员工数来说,业界中既有和其他企业相比规模不在一个数量级的大型企业,也有很多方面都不相上下的小型企业,对于这类

数据，我们可以"取其对数后再进行分析"，这样操作会更为贴切。

我们学过以 10 为底的常用对数，对销售额取对数，100 万日元为 10 的 6 次方，取 6 这个值；1 亿日元为 10 的 8 次方，取 8 这个值。这样操作能使"不在一个数量级的企业规模"所带来的影响变弱，往往能获得更好的分析结果。

除此之外，我们还可以考虑将解释变量的平方值（称为**平方项**）也纳入分析范畴。上文中我们提到分析结果显示，专利数每增加 1，收益性也会随之增加。但对那些目前拥有专利数较少的企业和拥有专利数较多的企业而言，专利数每增加 1 所带来的价值都是一样的吗？还是说专利数越多，新专利带来的追加性效果就越大？抑或相反，当拥有专利数已达一定数目后，再继续增加专利数也效果不大？对于这些疑问，借助平方项就能知道答案。

再进一步，我们也可能会对解释变量间的组合产生疑问。例如，"拥有产品研发能力时，销售能力的重要性会相对降低。但没有产品研发能力时，销售能力便成了企业的生命线"。针对这类疑问，我们可以除"4 等级评分的产品研发能力"与"4 等级评分的销售能力"之外，在解释变量中再追加一项"产品研发能力乘以销售能力的值"（称为交互作用）后再做分析，这样就能找到答案。这些操作也同样可以应用到下文中将提到的逻辑回归分析中。

不过，我并不太推荐大家一起步就做这么细致的分析。为什么这么说？因为相比于多元回归分析结果，这类分析结果理解起来要难得多。

对数、平方之类的数学概念，虽然大家早已学过，但还是有很多人一听到这些大脑就一片空白。尤其当我们想准确地理解交互作用时，甚至需要画图表对状况进行分类整理，这过程其实挺烧脑的。

当然，各位如果有兴趣，我非常希望大家能进一步做深入研究。市面上很多面向大学生的统计学高校教材也对此做出了详尽解释。不过和在高校上课不同的是，商务人士使用统计学主要是为了根据分析结果实际采取某种行动，以便达到提高企业利润的目标。为实现这一目标，大家需要说服很多人，同时做出很多人际关系方面的调整，所以我认为还是应该尽力剔除掉那些容易给大家带来压力的内容。因此，如果某些规模不在同一级别的大型企业的存在导致我们难以解释分析结果的话，那就将这些企业剔除之后再分析看看。

与其严谨检验，不如迅速采取小规模行动

仔细想想看，这6个解释变量的背后是否还隐藏着其他因素呢？和简单汇总统计一样，我们无法完全排除这种可能性。更何况，是因为进军东南亚市场导致企业收益率提高了，还是因为收益率高才使得企业有富余资金得以进军东南亚市场？到底哪个是因哪个是果？严格意义上来说，我们无法判断。

为了避免根据误导性的分析结果做出错误的商业决策，我们非常有必要与拥有相关业务知识的人员进一步探讨"这些解释变量的背后是否还隐藏着其他因素？""因果方向究竟如何？"等。

然而，无论多么高超的分析方法，无论怎样完备的大数据，无论专家们再怎么聚首一堂展开讨论，我们都无法证明出明确的因果关系。硬要说的话，恐怕就只有随机对照试验，又被称为A/B测试，才是唯一可行的方法了。

例如，准备两种企业产品说明书。第一种说明书提供的是以往老版本的产品使用说明和服务支持窗口信息；第二种说明书则提供了精心设计的通俗易懂的产品使用说明和新的客服中心信息，该客服中心新近开始启用，可以为客户提供丰富全面的服务支持。除了附带的说明书有所区别以外，产品及外包装都完全相同。接下来，将协助调研的人员随机分成两

组，一组予以附有新版说明书的产品，另一组予以附有老版说明书的产品。

一段时间后对调研对象进行调研，如果拿到新版（客户服务支持更到位的版本）说明书的那组人员，在某一时间点采取了给企业带来利润的行为（例如自费购入其他非免费产品等），并且这一结果明确且从统计学角度而言具有可信度（也就是 P 值小于 0.05），同时还符合成本标准，那就意味着我们通过该实验证明了"强化服务支持体制这一战略的确见效"这一因果关系。

既然选择是随机的，那也就是说两组人员平均下来无任何区别。只因"说明书与服务支持信息是否到位"这一点不同而带来了明显的利润差异，由此，我们便可以将之归为因果关系。这一点，我想统计学相关人员应该都会赞同。

如果你或者你所在的企业，具备将对数、平方项或交互作用等内容纳入讨论范畴并展开充分分析的能力，那自然是最好不过的。但若并非如此，与其对分析结果左思右想、瞻前顾后，例如用些耍小聪明的方法或召集相关人士进一步"慎重讨论"，那么倒不如干脆采取一些行动试试水，即使是小规模行动也未尝不可。当然，如果你想仅仅通过分析技能来准确推算出各解释变量与 Outcome 间的关联性，那么通常需要相当专业的统计知识。不过，如果你想通过 A/B 测试来寻值得检验的好点子，那么用本书中提到的方法就足够了。

就算数据分析再怎么不全面，"一拖再拖，迟迟不将可能带来 30 亿日元盈利的分析结果付诸实践"和"立即着手行动，马上投个几千万日元来实际检验一下"这两者之间，到底谁更明智？希望大家务必好好想想。

10 本章总结

最后，在此将本章分析内容总结成表 1-8。

表 1-8　第 1 章总结

Outcome	总资产收益率
解析单位与范围	与自家企业处于同一市场的竞争企业（最少 20 家）
解释变量示例	人才与组织的状况 物品和资金等有形资产 通过市场营销收获的无形资产 所持有的技术或创新资本 所采取的战略及背景
数据源示例	通过日本经济新闻社或帝国数据银行等入手的企业数据 通过日经 Research 或日本 Oricon 等入手的品牌及顾客满意度调查结果 通过网络调查、传统纸质调查得到的顾客对于企业及品牌等的意识 通过企业内部人士或熟知该业界的第三方人士得到的相关评价
分析手法	（利用逐步回归法等进行变量选择后实施的）多元回归分析

就经营战略层面中"想使之最大化或最小化"的 Outcome 而言，我建议采用总资产收益率。针对"同等资本能带来多少利润"这一 Outcome，"销售能力强"或"顾客满意度高"都不过是手段，将其最大化并非我们的最终目的。

接着，当我们实际分析该 Outcome 时需要具备一种"以哪种解析单位做分析"的视角。本章中使用的解析单位为企业，也就是说，我们比较的是"总资产收益率高的企业和总资产收益率低的企业间的差异在哪里"。

如果解析单位是产业，那么我们也可以找出"总资产收益率高的产业和总资产收益率低的产业间的差异"。不过如果单纯分析产业，那么做图1-7所示的单纯汇总统计就结束了。更何况，正如鲁梅尔特和洛克贝尔等所指出的那样，企业的收益率高低更取决于各个企业的特性，而不仅仅是所属产业。

不过，这并不意味着只要能收集到数据，就该把所有企业都纳入分析对象。在本章中，我推荐大家灵活把握企业所处的竞争/协作市场以及企业进驻/被进驻的市场，找到在该市场中左右成败的成功之钥。

而所谓的解释变量，或许能对"各解析单位的 Outcome 大小差异"做出解释。就本章而言，解释变量就是或许能对"各企业的收益率差异"做出解释的某一特性。根据纽伯特的系统综述论文，我给大家列举出了各类解释变量的备选项。

这些解释变量大体可分为人才和组织的状况、物品和资金等有形资产、通过市场营销等获得的无形资产、所拥有的技术和创新资本，以及所采取的战略及背景等。当然，除此之外，如果你认为还有其他"或许能左右该产业收益率"的因素，那么也请积极地将其列入解释变量备选，做进一步分析。

有关数据源这方面，除了总资产收益率这一 Outcome 以外，包括销售额、成立年数、进驻产业分类等解释变量在内的企业数据，如果是上市企业，我们可以通过日本经济新闻社等入手，如果是非上市企业，我们则大多可以通过帝国数据银行等入手。

除此之外，还有很多企业会定期对品牌认知及顾客满意度等无形资产进行调研，一些业界团体等机构定期进行的调研统计数据很多时候也能派上用场。如果这些机构都没有你想要的信息，那么你也可以通过网络调查或传统纸质调查来获取来自市场的声音。如果你想在分析数据中用到从市场上无法窥视到的企业内部信息，那么可以尝试委托熟知该业界情况的外部第三方人士来对该企业进行评分，这种做法也相当具有价值。

收集完这些数据之后，我们以一个解析单位，即一个企业为一行的形式将所有数据汇总，然后再用 SAS、R、SPSS、Stata 等统计分析工具实施多元回归分析。

毋庸赘言，在这些工具中我们设定的结果变量（有些工具中表示为因变量或 Y 等）为本次的 Outcome——总资产收益率。关于解释变量（有些工具中表示为自变量或 X 等），我们则用前文中列举出的项目作为备选。

在针对经营战略做统计分析时，分析对象企业的数目多是有限的，所以就算我们收集了 100 个解释变量，也很难全部用上。这时，我们就需要借助逐步回归法等变量选择算法，同时结合人工对变量进行取舍，锁定那些影响企业收益率的重要解释变量。

除了条理严谨的矩阵图，战略咨询顾问们有时还会提交一些回归分析的结果。不过，据说企业方面经常只是觉得这些内容"虽然看不懂，但貌似挺难挺厉害的"，在实际做决策时却不太用到它。所以，大家只要掌握了本书中的知识点就能解读这类分析结果。如果你能按照上述流程下点功夫做做调研，说不定能找寻到更甚于此的点子。

最终被选中的解释变量，如果是"应该在哪个市场展开竞争"这类代表了波特式理念的变量，那么接下来，我们只要实际进入那个市场或强化对那个市场的投资即可；如果是"该行业中拥有哪种优势更加重要"这类代表了巴尼式理念的变量，那么接下来，我们只要强化企业的相关要素即可。事实上，我在做商业分析时也曾发现了好几个意料之外、左右行业收益率的因素。

既然大家先于其他企业找到了这把成功之钥，那么就应该先行一步尝试试错，看看"这一战略到底能否取得成效"，而这也正是精益创业所推崇的理念。

想必各位读到这里，剩下最后的疑问应该是"就算我知道了销售能力和产品研发能力决定了企业的成败，但具体要怎样做才能提高销售能力和产品研发能力呢？"

的确，对于大多数商务人士而言，更为重要的是之后的"具体该怎么做"，以及到底该怎样基于这一全新的战略方向来改善自身的业务。

当然，在思考这些问题时，统计学也是能派上用场的，而这也正是接下来的章节中我们将讨论的主题。

统计学补充专栏1

方差分析和混合效应模型

本章中介绍的方差分析（Components of Variance Analysis 或 Variance Components Analysis），其名称本身在统计学教科书中不太被详细提及。一般情况下，我们可以将其理解为包含变量效应在内的混合效应模型的一部分。

可能会有人觉得，怎么又突然间冒出来了变量效应和混合效应之类的概念？没关系，首先你只需要记住普通的多元回归分析属于固定效应模型就可以了。

我们用一个简单的多元回归分析来做例子。当我们用顾客的性别和年龄这两个解释变量对消费金额进行分析时，一般情况下我们能够得到的分析结果是：男性的消费金额比女性少1000日元，或年龄每长1岁消费金额就增加100日元等。像这样，我们认为性别差异及年龄每长1岁给消费金额带来的影响是固定的，因此这就被称为固定效应模型。

同时，还有被称为变量效应或随机效应的，都属于非固定效应。

那么，在哪种状况下要用到这些呢？

例如，当各个顾客主要利用的店铺都不尽相同时，如果全国有1000家店铺，那么每家店铺的规模和所售商品品种都会有很大区别。而且比起性别或年龄，"顾客主要去哪家店铺消费"带来的影响应该更大。但如果我们仿照"男性与女性的差别"这一模式，对"A店铺与B店铺的差别""A店铺与C店铺的差别"等解释变量逐个进行考量的话，那么需要考虑的解释变量就多达999个了。如果这里你好奇为什么不是1000个，而是999个，那么还烦请查阅我的前一本书《统计学，最强的商业武器（实践篇）》中的第3章虚拟变量部分。

如果你的关注点是"哪家店铺销售额比较高"，那么这类分析的确是可取的。而如果我们想了解的只是"性别和年龄给消费金额带来的影响"，同时只想将"顾客主要在哪家店铺消费"带来的影响纳入考虑而已，那么此时从推算精度而言，考虑999个解释变量的做法并非明智之举。

这时就轮到变量效应这一概念登场了。与固定效应不同，变量效应并非以单一值来推算效果，而是以"一定的平均值（基本上为0）与不规则的波动"的形式来推算。像这样，以包含变量效应和固定效应两者在内的形式推算回归模型的方法，就是混合效应模型。

前文中我们是以"店铺间差异"为例，除此之外还有"居住地区间差异""设施间差异""组织架构间差异"等，这些或许都会影响到Outcome，但如果要逐个确认就必须用到数目庞大的解释变量，这时我们就可以考虑变量效应。基于同样的想法，前文曾提到的舒姆兰奇等人就将企业"所属产业分类间差异"视为变量效应，而非具体的"属于哪个产业分类就能带来多少盈利"的固定效应，也因此明确了"产业分类不同"这一变量效应能给各企业业绩差异带来哪种程度的影响。

另外，当我们对顾客 5 年消费数据中的各单年度数据进行分析时，最好考虑到"同一顾客的消费数据虽然每年不同，但整体上还是应该有相似性的"这种个体差异，这种情况下我们也会用到变量效应。前文中介绍的鲁梅尔特"基于多年销售数据，探寻包括市场份额在内的所有企业差异，能给企业业绩差异带来什么程度的影响"就使用了这一方法。

为了避免不必要的概念混淆，这里我们只介绍了方差分析，而且方差分析本身在管理学研究中也被广泛使用。不过，近年来也有观点认为，从推算精度的角度而言，相比方差分析，最好使用多层次分析（或多层线性模型）等混合效应模型（例如，参考 Misangyi 等，2006）。

本章引用到的小本研究员等人的报告中也包含了多层次分析的结果。正如图 1-10 所示，与图 1-4 相比，尽管产业因素的贡献率小幅上涨、企业因素的贡献率小幅下降，但整体倾向并没有发生很大改变。

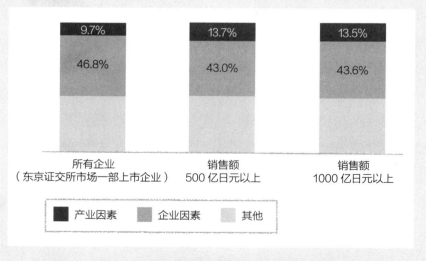

图 1-10　通过多层次分析得到的分析结果

本书是为一般商务人士，而非统计学专家而写，因此本章中我推荐大家使用多元回归分析。但如果大家可以操作 SAS、SPSS 或 R 之类的专业工具，那么完全可以根据需要尝试下使用混合效应模型。

例如，公司总部所在的行政区域也是企业属性之一。如果你想调整这一属性，但又对"公司总部所在地能给企业业绩带来多少影响"这一具体数值不感兴趣的话，那么就完全可以尝试将公司所在的行政区域设为变量效应。

第 2 章

用于人力资源的统计学

在职场中，烦恼于上司、同事或下属能力不济的商务人士想必不在少数。所有的商业活动都由人来推进，他们的能力高低很大程度上影响到了企业的收益性。但你的公司究竟有多认真地考虑过这些？大多数日本企业既不对人才做任何分析，也不愿调整招聘或研修的方式，它们只是在亦步亦趋、因循守旧地重复一些既定的人事业务而已。然而，我们只要根据管理学家或应用心理学者们的研究成果对数据做分析，就能很快知道"把这份工作交给哪种人才能给企业带来更多效益"。

11
你的企业有没有招到优秀人才

"人才比战略更重要"这一事实

员工能力决定了企业业绩，这点不用巴尼等管理学家来说，我想大部分商业人士应该都知道。

集结优秀的销售人员和营销人员并对他们进行恰当管理，企业的销售能力会提高。集结优秀的研究员和工程师并对他们进行恰当管理，企业的技术研发能力会提高。集结优秀的客服人员并对他们进行恰当管理，企业的客户满意度和忠诚度都会提高。对采购、制造及物流等方面而言也是如此，只要对优秀的员工实施恰当管理，企业的收益性就会上升。

相反，不管企业引进的是多么新颖的管理方法或工具，只要人不变，恐怕也只能是收效甚微。身为管理学家，同时也为企业做商业咨询的斯坦福大学杰弗瑞·菲佛（Jeffrey Pfeffer）教授，在其著作中就介绍了以下他负责过的咨询案例。

向菲佛委托咨询的是一家医疗影像器械公司，这家公司一直苦于其在美国市场的销量萎靡不振。当初这家公司向菲佛求助的内容是如何制定商业模式和经营战略，而菲佛给出的建议却是"在为战略烦恼之前，何不重新调整一下销售部门的员工们？"根据这一建议，该公司用更优秀的管理者替换了销售部门原有负责人，同时重新招揽了一批优秀人才安排为其下属。如此调整后仅仅一年，该公司的销售额就激增了20%。

这个案例并不仅仅是为了讲述菲佛的经验和直觉。美国心理学家弗兰克·施密特（Frank Schmidt）和约翰·亨特（John Hunter）在 1998 年发表了一篇具有划时代意义的系统综述性论文，该论文完整收集并彻底分析了过去 85 年内所有有关人才招聘与录用的定量研究内容。

论文结果显示，即使从事的是非专业性工作，排名前 16% 的优秀员工与平均水平级别的员工相比，生产效率也会高 19%；而当从事的是专业性工作或管理业务时，这个数字则会高达 48%。

也就是说，如果你的上司属于日本国内那种"普通平凡的管理层"，那么只要将他换成更加优秀的人才，部门的生产效率就有可能提升至 1.5 倍。

除此之外，一项针对程序员进行的调研显示，最优秀的程序员的生产效率不仅是能力差的程序员的 10 倍，甚至是平均水平的程序员的 5 倍。可见，是否录用到了优秀人才所带来的影响竟如此之大。

但知道和做到是两码事。为了招到优秀人才，你的公司到底做了些什么呢？

例如，按照那些有合作关系的人才服务公司所说的，去一些招聘会参展，在公司主页上发布招聘信息。有时还委托招聘负责人向他们大学母校的学生发出邀请，或是通过猎头搜寻社会招聘候选人。如果有人来应聘，那么首先通过书面形式确认对方的求职动机和迄今为止的履历，再安排上笔试或几次面试。我想，大家公司里每年以人事为中心推进的这些业务，应该就是为录用到优秀人才而实施的全部流程了吧。

可结果又如何呢？请大家在脑海里回想一下自己公司办公桌周围的情形。如果那儿坐的都是些可以给公司效益带来无上贡献的优秀人才，且每个人都最大限度上发挥了自身能力，公司也因此得以迅猛成长的话，那么各位可能就没必要读这一章了。

但如果你身边充斥的都是些让你不禁叹息的愚钝的下属、同事或蛮横无理、效率低下的上司，而且这些人已严重影响到了你的正常工作，对此你又做何感想？就像你当初被录用时那样，这些下属或上司基本上都是经由同样的流程被公司人事判断为应该予以录用的。若如此，那么在录用优秀人才时这套流程究竟能否称之为有效呢？

基于科学实证的 Google 招聘流程

事实上，很多企业每年都花费大量精力开展招聘活动，却往往对招聘成果不予回顾。录用的人才给公司实际带来了多少利润？能让公司获利的人才和无法让公司获利的人才差别在哪儿？采用怎样的招聘流程才能大量网罗更加优秀的人才？遗憾的是，能认真思考这些问题的企业并不多。

Google 就是这为数不多的企业中的一家。Google 人力资源负责人拉兹洛·博克（Laszlo Bock）在其著作中就曾提及 Google 基本不用外部招聘网站。除了那些 Google 存在感尚低的国家，在其他国家 Google 基本上不用任何人才中介公司，面试时也不会问些诸如"你的优点是什么"之类的无关紧要的问题。比起那些以平平无奇的成绩毕业于常春藤盟校的毕业生来说，Google 更倾向于优先录用那些以拔尖成绩毕业于州立大学的学生们。为什么呢？因为在他们对招聘录用相关数据进行实际分析后得知，这种做法可以帮助他们在录用优秀人才时做到事半功倍。

取而代之，Google 采用的招聘方式是让员工们介绍"优秀的朋友"，并向这些被介绍的人才们实施基于科学流程的面试甄选。

例如，需要安排几次面试才够？面试时针对负责某方面工作的应聘人员具体应该提出哪种问题？哪位员工具备作为面试官的"知人之明"？Google 对这些内容都做了事无巨细的规定和管理。除此之外，如果面试对象是技术型人员，那么 Google 一定会实施工作样本测验，也就是让应聘人员实际做部分入职后可能负责的工作，并对工作样本品质做出评价。同时，Google 也将其特有的一般认知能力测试（类似于 IQ 测试）成绩纳入评价范围。除此之外，Google 还会对那些曾遭淘汰的应聘者资料进行文本挖掘，根据情况有时会再次联系他们并予以录用。

Google 的招聘流程之所以科学，并不单单是因为它采用了工作样本测验、特有的认知能力测试、文本挖掘等方法，而是因为它背后有科学依据作为支持。它是 Google 基于实际数据不停地对"如何才能花更少的工夫录用到更优秀的人才"进行试错的结果。

通过常年坚持这一试错活动，Google 收获的优秀人才让公司取得了大幅成长。这些人才们除了孕育出了各项新服务外，还大幅提升了引擎搜索精度和处理速度等现有服务的品质。无疑，至今为止，Google 所取得的巨大成就中，一部分是靠这些针对人才实施的科学方法所支撑的。

普通的面试派不上什么用场

当然，拉兹洛·博克等构思 Google 招聘流程时所依据的理论基础中，也包括了施密特和亨特的论文。这篇论文并非只论述了前文中提到的"优秀人才与平均水平人才之间的生产效率差异"，它还整理归纳了过去 85 年来的所有研究成果，向我们揭示了各类面试选拔方法与后续员工生产效率及企业业绩间的关系，具体如表 2-1 所示。为方便大家理解，我将论文中相关系数结果做了自乘，将它们调整成为决定系数。

表 2-1 各类面试选拔方法对业绩的影响力

面试选拔方法	决定系数（解释力）
工作样本测验	0.29
一般认知能力测试	0.26
结构化面试	0.26
同事评价	0.24

(续)

面试选拔方法	决定系数（解释力）
业务知识测试	0.23
采用业绩记录的履历评价	0.20
笔试录用	0.19
正直度测试	0.17
非结构化（普通）面试	0.14
人才评估中心	0.14
对简历的评价	0.12
诚信测试	0.10
身份查询	0.07
工龄	0.03
以重要度加权的经历评价	0.01
受教育年数	0.01
兴趣测试	0.01
笔迹鉴定	不到0.01
年龄	不到0.01

例如，表中工作样本测验的得分最高，决定系数为0.29，也就是说，工作样本测验的成绩能对员工录用后业绩波动的29%做出解释。换言之，即使有其他因素也会影响到员工业绩，但我们依旧可以通过工作样本测验成绩预测到该员工录用后业绩的三成左右。

而大多数公司采用的普通面试（非结构化面试）只能预测到14%的业绩，相当于工作样本测验的一半以下。如果花费的是同样的工夫，那么究竟该采用哪种面试方式？答案不言自明。

除此之外，一般认知能力测试和内容经过妥善设计的结构化面试可以对录用后业绩做出26%的解释。

另外，虽然在表中未列出，但分析结果还显示：工作样本测验与一般

第 2 章
用于人力资源的统计学

认知能力测试相结合的面试方法能对录用后业绩做出 40% 的解释。

　　Google 基于这些科学依据，除了采取将结构化面试、工作样本测验和一般认知能力测试相结合的招聘方法以外，还针对面试时由谁问哪种问题、对面试者的回答怎样做出评价以及一般认知能力测试时该出怎样的题目等内容进行了科学性的探索试错。另外，Google 重视员工介绍这一渠道则很可能与"同事评价"的贡献度很高（24%）有关。

　　由于施密特和亨特的论文评估了长达 85 年间的各类面试甄选方法，因此其中包含了一些不太为我们现代人所熟悉的做法。例如，经历评价（做过多少年什么工作或接受过多少年哪种教育）、受教育年数（即高中毕业、大学毕业、硕士毕业或博士毕业等由学历导致的差异）、兴趣测试（对哪种职业感兴趣）、笔迹鉴定以及年龄等，这些做法对后续业绩只贡献了很少的百分比。

　　总而言之，这篇论文向我们揭示了：当今大部分日本企业做出的类似于"如果（这位面试者）年纪轻、学历高、以前也有过类似工作经验，再加上对这个职位兴趣十足、热情积极，那么不如干脆忽略其他缺点予以录用"之类决策与 Google 的做法相比可能相去甚远。

　　好了，做了这么多铺垫以后，请大家再重新思考一下自己公司的招聘流程。我估计当有份一模一样的求职人员名单摆在面前时，Google 应该比大家的公司挑选出优秀人才的概率更高。这些差距缓缓地但又切实地影响到了企业的成长。大家的公司之所以无法像 Google 一样实现迅猛发展或掀起创新浪潮，答案之一就在于没能像 Google 一样网罗到优秀人才。

　　但全世界最优秀的那批求职者本来就集中在 Google 那儿啊！——肯定会有人这样反驳。确实，从某种意义上来说，现在的 Google 确实能够任性妄为，那是因为它所处的立场让它有资本可以对人才做最为奢侈的取舍，因此这种做法可能并不适用于一般公司。

　　日本公司的人事们一般都会用日本 Recruit 公司提供的一般认知能力测

试,也就是 SPI 测试。但可能有不少企业会有这种想法:SPI 测试得分高的学生或许工作时确实会名列前茅,但那些 SPI 成绩好的年轻人们恐怕多半都被知名大企业录用了吧。这些企业难道只能眼睁睁地放弃努力,不再奢望能录用到优秀人才了吗?

答案当然是"不"。为什么这么说?我们首先需要了解的是,以 IQ 测试为代表的一般认知能力测试其实起源于管理学领域的权变理论。权变理论,简而言之,指的就是"适才适所"。也就是说,管理学家们思考和关注的重点已经从"普遍意义上的优秀人才"转变为"哪种情境适配哪类人才"了。

所以,即使大家的公司无法拥有 Google 那般的天时地利,通过在下一节中对这些概念的学习,同样也能尽己所能地网罗到优秀人才。

12
一般智力与权变理论

"学习好的人工作能力也优秀"只对了三成

人们普遍认为，在以 IQ 或 SPI 测试为代表的一般智力水平测试中斩获高分的人，某种程度上而言受聘后业绩也较好，这在统计学中我们称为"一般智力与业绩相关联"。其实，只要大家了解了人类是怎样创造出 IQ 用以检测"智力"——这一看不见摸不着的概念的，这一关联性就显得顺理成章了。

我在前一本书《统计学，最强的商业武器（实践篇）》中曾提到，心理学家和统计学家查尔斯·爱德华·斯皮尔曼（Charles Edward Spearman）对 IQ 这一概念的诞生做出了巨大贡献。他在距今 100 多年前的 1904 年的论文中，逐一尝试了那个年代被使用的各类"或许可以检测智力的工具"，并发现它们之间颇具相关性。这些工具包含古文测试、母语（英语）测试、外语（法语）测试、数学测试、反应测试和音乐测试等。

斯皮尔曼将这些测试得分汇总并创造出一项新指标后随即发现，上述各项测试的成绩自不必说，连"一般常识""老师评价"等也与这项新指标息息相关。这其中的缘由即使在现代脑科学背景下也仍旧不得而知。于是，斯皮尔曼将这个与从所有角度测定出的"近似智力"都具相关性的指标称为一般智力 g。g 是意为"一般"的单词"general"的首字母。如图 2–1 所示。

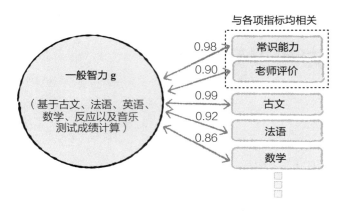

图 2-1　斯皮尔曼的一般智力 g

注：本图取"-1（呈现完全负相关）~1（呈现完全正相关）"间的数值表示相关性强度。

大家母校里一定至少都有位不仅成绩优异，还兼具绘画或音乐才能，外加运动能力出挑的优等生吧。看着他们，我们总是不由得感叹老天爷的不公平，赐予他们如此多项才能，但或许老天爷赐予他们的才能只是一般智力 g，仅此一项而已。因为一般智力 g 不仅有助于学习，某种程度上也能帮助人们迅速掌握绘画、乐器演奏或体育的精髓。

IQ 也好，SPI 也罢，所谓一般认知能力，即一般智力 g，是一种经过精心设计的"与所有智力活动息息相关"的指标。工作也是智力活动的一种，所以一般智力 g 高的人往往吸收快、工作效率高，自然就能熟练开展工作。

然而，有趣的是，施密特和亨特的研究表明，从商业角度而言，一般认知能力的差异仅能对整体业绩的三成做出解释。即便如此，我们在居酒屋里常听到的类似于"那些成绩拔尖、学历高的年轻人们只知道纸上谈兵，工作能力完全不行"的抱怨却是有些过于贬低一般认知能力了。

领导力研究学者们发现的权变理论

不过，话虽如此，IQ 或 SPI 测试分数高的年轻人可不是所有企业都能轻易招到的，他们很可能早就被知名大企业挑走了。那该如何是好呢？这时，研究领导力理论的管理学家们发现的权变理论这一概念就派上了用场。

领导力研究学者们早在 20 世纪 40 年代左右就开始研究优秀领导者和普通领导者间的差异所在。世界上有很多诸如温斯顿·丘吉尔、特蕾莎修女、马丁·路德·金和约翰·肯尼迪的优秀领导者，研究者们一直致力于发掘这些人共有而其他人却不具备的某些特质。

但这些尝试在较早阶段就陷入了瓶颈，20 世纪 60 年代后半叶的 20 项研究总结出的"优秀领导者特质"总数多达近 80 个。虽然各位学者的研究主题相同，但得到的研究结论却纷繁杂乱，毫无一致性可言。换句话说，这些研究最终只说明了一个结论：到底什么才是优秀领导者特质？研究总结一番下来，我们也不得而知。

这类研究一直持续到了 1990 年左右，直到心理学家们对人格（性格）有了进一步了解后才取得了新的突破。20 世纪 80 年代，几位心理学家创立了一种在现在被称为"大五（Big Five）"的，从五个维度解读人类性格特质的方法。

"大五"包含了五大要素：外向性（社交性）、协调性（和蔼可亲或性情温顺）、诚实性（责任心强或完美主义）、情绪稳定性（处事泰然或严谨慎重）和经验开放性（具有想象力或艺术感性）。就像斯皮尔曼证明了各类纷繁复杂的"或许可以检测智力的工具"最终都可以归结为一个维度那样，当时的心理学家们通过因子分析等统计方法证明了各类纷繁复杂的人类性格测试结果最终都可以归结为这五大维度。

接下来，让我们来看看事情会变成怎样。心理学家们总结出的"优秀领导者特质"中，虽然才识、业务知识等不属于性格，但上进心、执行力、自信等特质却是可以纳入外向性或情绪稳定性等"大五"要素的。

当然，仅靠这些还是无法完全涵盖全部的优秀领导者特质。领导力研究学者们也不得不渐渐承认现实的复杂性，于是他们中的大多数不再投入精力去找寻"优秀领导者与普通领导者的差异所在"，而是转而对"哪种领导在哪种情境下更能发挥效应"，即情境与领导力间的适配问题产生了浓厚的兴趣。这就是权变理论的思路。权变理论起源于 20 世纪 60 年代，至今仍被广泛应用。

权变理论有很多种，其中较主流的当属罗伯特·J. 豪斯（Robert J. House）提出的**路径 – 目标理论**（Path-Goal Theory）。这个名称始于"优秀的领导者会向员工指出路径（Path）并帮助员工达成业务目标（Goal）"这一理念。

路径 – 目标理论将领导者分为以下 4 类。

（1）指示型领导（对工作和日程做出细致整理，并向员工指示具体的完成方法）。

（2）支持型领导（和蔼可亲，关心下属的要求）。

（3）参与型领导（主动征求并采纳下属意见）。

（4）成就取向型领导（设定具有挑战性的目标并鼓励下属全力以赴）。

这 4 种类型的领导者最终能否成为"优秀领导者"要视情境而定。例如，当负责的是诸如新事业开发之类让人完全找不到头绪的业务时，指示型领导能够对工作内容做出具体的整理及规划，这有助于业务顺利开展，下属的满意度自然也会比较高。

指示型领导在此类工作中虽然能做得得心应手，但调去客服中心或财务等业务流程相对固定的部门后，却很可能被下属评价为"事无巨细地一一插手，好烦人啊"，部门员工满意度和生产效率也可能会因此双双下降。对于这样的部门，关心下属感受的支持型领导可能更加合适，也更能提高员工的生产效率。

退一步来说，就算负责的都是新事业开发类业务，如果指示型领导碰到的是能力强且足够自信的下属，那么这个下属很可能会因为"不想事事都被牵着鼻子走"而导致生产效率下降。这种情况下，能够灵活协调并采纳下属意见的参与型领导才能称为优秀领导者。

基于路径-目标理论推导出的假设，基本上都已得到了统计学实证研究的印证。

这个话题再继续下去就没底了，言归正传。总而言之，员工价值并不仅由一般智力，即"优秀与否"决定。从根本而言，员工价值是"情境与员工特质间的适配问题"，这就是领导力研究者们提出的权变理论的思路。

这一思路不仅适用于管理层，想必也适用于其他所有工作岗位。销售人员需具备的能力与工程师需具备的能力不可能相同，而且即使同为销售人员，上门做产品推销的能力、防止顾客流失的能力，又或者能精准理解目前尚未出现过的新类型产品所蕴含的商品价值且能通过生动展示吸引顾客兴趣的能力……具体销售岗位不同，需要的能力也自然各异。

当然，相对而言，一般智力 g 高的人更能轻松胜任各类工作，但这一因素最多只有三成的解释力，剩下七成则由"员工特质与工作情境之间的适配度"决定。

元分析告诉我们"工作由适配度决定"

这并不只是理论上的空谈，前文中我曾向大家介绍过施密特和亨特做的元分析，该分析结果向我们揭示了与员工业绩息息相关的各项因素。不过，当我们将元分析的分析范围聚焦到销售人员的销售业绩上时，得到的却是全然不同的结果。

表 2-2 是温丘尔等人于 1998 年公布的研究结果，一目了然的是，在"所有行业"范围内对业绩拥有很高解释力的一般认知能力，此时却与销售业绩几乎毫无关系。不仅如此，从表中我们甚至还得知，在语言能力方面智力测试得分高的人销售业绩反而较低。

表 2-2 影响到销售成绩的因素

因	素	对销售业绩的解释力
"大五"特质	外向性	0.05
	情绪稳定性	0.01（负影响）
	协调性	不到 0.01
	诚实性	0.10
	经验开放性	不到 0.01
	（以下为子项目）	
	亲和力	0.02
	说服力	0.07
	目标指向性	0.17
	可信赖性	0.03
其他因素	综合认知功能	不到 0.01
	一般认知能力	不到 0.01
	语言能力	0.08（负影响）
	数字处理能力	不到 0.01
	严格个人主义	—
	销售能力测试成绩	0.14
	经历	0.08
	年龄	不到 0.01
	兴趣测试	0.25

同时，我们也注意到，当将研究对象限定为销售人员时，一般情况下与业绩几乎无关的"兴趣测试"反而摇身一变，成了最能对销售业绩做出解释（25%）的因素。

"大五"中"诚实性"与销售业绩最为相关，其下属子项目"目标指向性"也能很好地对销售业绩做出解释（17%）。也就是说，我们可以理解为，在一般性的诚实与否特质之中，（销售人员）是否努力想完成目标或手头工作这一点非常重要。除此之外，还有一点要说理所当然那也的确挺理所当然的，那就是"销售能力测试成绩"也能很好地（14%）对实际销售业绩做出解释。

这项元分析的分析对象不是日本现有的销售人员，而是也包含了部分较为久远（20世纪40年代）的研究资料，所以我也不能确定能否把这一分析结果直接套用至当今日本国内的销售组织中。不过，在这一状况下，如果企业还是执意一味录用名牌大学毕业、SPI得分高的年轻人，再把他们分配到销售岗位上，这种做法恐怕不太明智。他们中大部分人或许一般认知能力（包括语言能力在内）的确很高，不过相比之下，是否"喜爱并适合销售这份工作、个性诚实且有志于将工作负责到底"这一特质则更为重要。

如果有些年轻人在其他岗位时工作表现优异，但在做销售时却因为不太喜欢也不太适合这份工作而无法发挥自身能力，那就太可惜了。

只看中"干练利落的高学历人士"就太可惜了

所以，在那些未被大企业录用，学历和SPI得分都不高的年轻人中，会不会恰恰有些其实很适合贵公司某一岗位的人选呢？又或者那些长期以来以非正式员工身份工作，现在希望转职到贵公司的求职者中，有没有一些适配度很高的人才呢？

现如今，很多企业的招聘录用方针都在有意识或无意识地倾向于那些"学历和 SPI 成绩高，在非结构化面试中表现得干练利落、清新爽朗的年轻人"。那些总部设在东京圈以外的中型企业顶多也只是将"学历高"这一条件替换成"在本地学校成绩优异"这一条件而已，目的也都一样，都是为了录用那些一般智力 g 高，外表和社会性特质都十分出挑的年轻人们。如果企业录用这些人员主要是为了凑人数完成招聘指标，对录用后的工作岗位并无细致计划，那么这种一刀切式的战略倒也无可厚非，虽然这种做法可惜之至。

说它可惜主要有三个原因。其一，如果作为录用方的企业能事先确定"期待应聘者在哪种情境下负责哪种工作"，那么就有可能录用到更加优秀的人才。就算有些应聘者在非结构化面试中表现不佳，或者"语言能力"项得分较低，但如果我们事先就知道"这些与他们在未来岗位能否取得好业绩几乎无关"的话，我们或许就会更关注该应聘者的其他特质。

其二，就目前来说，作为被录用方很难找到一份能真正发挥自身优势的工作，对于那些非"干练利落的高学历"人士来说，求职这一过程变得尤其艰难。不管他们拥有多么丰富的业界知识，具备多么契合业界的品位，又或者不管他们在学业以外的活动中取得了多么优秀的成果，一旦开始漫漫求职路，却总是被那些"干练利落的高学历"人士抢走机会。久而久之，他们原本具备的非凡特质很可能就被其他工作岗位抹杀了。

另外，那些"干练利落的高学历"人士虽然求职过程较顺利，但正因为他们好像什么都会（实则不然），反而有可能被分配到一些无法发挥自身优势的岗位。来自世界知名调查公司盖洛普的詹姆斯·哈特（James Harter）和纳哈·阿罗拉（Raksha Arora）发布的研究报告显示，当人们的工作岗位不适合他们或无法让他们发挥出自身优势时，他们通常将无法忍受长时间劳动，并且当工作时长超过一定时间时，超出的时间越长，他们越难以保持积极的心态。

其三，这有损社会整体中"最大多数人的最大幸福"。按照常理，如果社会上所有人都找到了适配度高的工作，那么社会的整体生产效率就会提高，企业业绩也会提升，同时个人无须承担太大压力就能获得更加丰厚的报酬。而如果公司的眼里只有学历或一般智力 g，就很容易导致人才岗位不匹配或生产效率低下等问题。

权变理论虽然向我们揭示了上述风险，但却没给我们提供具体答案——到底该怎样为企业招聘录用员工，又该怎样对员工的工作岗位进行合理安排？

当然，也有一些先行研究分析过"哪种能力的人在哪种岗位上更容易成功"，但真要追根究底起来，最终结论还是"要视情况而定"。而且这些先行研究的研究对象大多以美国大公司为主，所以就算分析的是同一岗位，其结论能否直接适用于大家的公司，我们也不得而知。

正因为如此，大家才需要靠自己对公司进行调查分析，思考该采取哪种人事策略。正如我在上一章中所提到的，管理学家们想要找寻的是普遍性真理，但要想知道"在当前状态下，贵公司要采取哪种行动才能赚到钱"就只能靠各位的努力了。

下一节，我们将学习该具体调查哪些项目、怎样开展分析以及怎样采取相应行动。

13

设定分析对象

针对人力资源的统计分析流程①

接下来,让我们从"应该让哪种人做哪种工作"这一角度出发,看看应该怎样开展分析。下述基本流程与第1章的分析流程基本一致。

(1) 设定分析对象。

(2) 选择合适变量。

(3) 收集所需数据。

(4) 分析数据。

(5) 对分析结果做出解释。

第一步,让我们思考一下如何设定分析对象。

凑齐几十个人就能做分析

人力资源领域中的解析单位基本上都是个人,即员工或求职者。也就是说,我们将从"能让公司赚钱的人与不能让公司赚钱的人之间的差别在哪里"这一角度进行分析。

在经营战略一章中我也曾提过,解析单位至少需要几十个,可以的话几百个更好。举一个极端的例子,当只有A和B两位员工时,无论手头数据多么详尽,我们都无法对"能获得收益的人和不能获得收益的人之间的差别在哪里"这一主题进行统计分析。

因为就算两位员工中 A 获得的收益略胜一筹，但 A 和 B 的差异却是多不胜数。年龄、接受的教育、被录用的过程、接待顾客的方式等都完全不同。这其中，究竟是哪一个因素导致了两人的收益产生差距，从统计学角度我们根本没法做出判断。

但是，当分析范围扩大到几十人时会怎样？这时，我们就可以注意到"几乎所有获得大额收益的人都具备同一特质"，而且我们还可以判断这个"几乎所有人都具备的特质"究竟是由误差偶然导致的，还是真实确凿到不应将其视之为偶然。

不过，另一方面，"将两种完全不同职业的人们放在一起进行分析"却实属下策。基于权变理论，当我们将销售人员和工程师放在一起进行分析时，得到的只能是一些"一般认知能力高一些更好"之类的理所当然的结果。所以，我们需要做的是，针对几十位（如果可以的话几百位更好）在同一情境下从事相同工作的人开展分析。

如果要分析的是一家旗下店铺或事务所遍布日本的大型企业，那么其内部所有岗位都能轻易满足这一条件。就算是规模不太大的企业，当我们将解析对象设定为"公司内人手相对较多的岗位"时，这一条件也是不难满足的。

大部分中型或中型以上规模的企业，在销售、客服（包括客服中心在内）等岗位至少都部署了几十位员工。而 IT 企业，不论是以承接软件开发外包项目的形式，还是以提供自家服务和产品的形式，很多企业都拥有几十位工程师或程序员。有些企业后勤部门中会有几十位负责财会业务的人员，而那些注重技术的企业也经常会为新产品研发或基础技术研究投入几十名工程师或科研人员。

解析单位扩展和分割的方法

就像在经营战略部分，我们会对其他公司的经营资源进行打分一样，不管公司的员工总数是不到几十人，还是超过了几十人，我们通常也会考虑让第三方人士对其他公司员工的特性进行评分。

我们确实很难知道其他公司会计人员的生产效率到底怎样，但像销售这类互相打过照面的岗位，还是能收集到一些类似于"××能干得很，销售额很高"或"××被公司当成累赘"之类的信息。像这样，以从事同一岗位的本公司及其他公司员工为解析对象，来分析"同一业界同一岗位的员工中，收益性高的员工和收益性低的员工之间的差别在哪里"。

同时，针对公司内部员工，我们最好也收集一些有关"第三方评价"的数据。为了防止第三方评价中掺杂进个人情感因素，在实际分析时我们还应取多位评价者评分的平均值，这些我想不用再过多说明了吧。

这里还会涉及一个比较复杂的问题，我将在本章结尾的专栏中予以详细解释。简单来说就是，当我们仅以公司内部人员的数据进行分析时，很容易引起数据的"**删失**"和"**截断**"。

例如，大企业可能会习惯性地录用那些 SPI 得分高的人，这样会导致公司内部数据不会包含"SPI 得分低的未录用人员"的信息。所以，当以全体日本人为分析对象时，我们会发现 SPI 得分能对业绩做出说明；而当对公司内部数据做分析时，我们也许只能得出"两者间几乎无关"的结果。

所以，用公司内部客观准确的数据固然重要，但同时还是有必要将分析范围扩展到其他公司。哪怕这样做会损失部分数据的客观性，但从整体角度而言是极其有价值的。

相反，如果是同一岗位上有几百、几千或几万人的大公司，那么我们就需要将对象划分为同质性群体后再做分析。例如，同为销售人员，面向企业法人的销售和面向零售店采购负责人的销售所需具备的特质都是不尽相同的。

不过，在考虑对解析单位的范围做扩展或分割之前，我们最需要关注的是"该岗位的生产效率高低能给公司利润带来多大影响"。

例如，当某项服务的解约数很多时，对于那些打到客服中心的投诉电话，我们只要能够圆满平息其中哪怕只有几个百分点的投诉内容，防止解约，公司每年就可以避免数亿日元的损失。在这一背景下，想必大家的公司一定会给客服中心终端配备最新的系统，同时不遗余力地对客服人员进行研修培训。但如果是"接电话的客服人员不同，导致顾客解约率大不一样"的话，那么为了探寻其中的秘密，我们就必须得分析客服人员的特质才行。

然而，如果是"不管哪个客服人员接电话，解约率都大同小异"的话，那么就算我们再怎么分析，也得不出什么有意义的结论。再退一步，如果"能否应对好客服中心的投诉电话，对公司年度销售额或成本削减额影响并不大"的话，那么从一开始这就根本不具备值得分析的价值。

所以，根据上述理念，当我们对那些大幅左右公司收益的岗位做分析时，应该根据具体情况，或者针对公司全体员工或者基于某种性质将公司员工划分成细分组，又或者将竞争公司的员工也纳入分析对象展开分析。

这些划分方法没有好坏之分，如果可以的话，我推荐大家同时对多个分析范围展开分析，那样一定能给我们带来全然不同的发现。

14
选择合适变量
针对人力资源的统计分析流程②

人事的 Outcome 设定很难

在确定了一个或多个分析对象范围之后，接下来我们就该思考分析哪种变量了。

研究分析的变量有两种，一种是 Outcome（也就是我们要求的结果），一种是解释变量（也就是或许能对 Outcome 差异做出解释的因素）。

基本上，**一次分析的 Outcome 只有一个，而解释变量不仅可以有很多备选项，而且备选项越多，分析结果的丰富度就越高。**

当我们提出"给公司带来利润的人才和无法给公司带来利润的人才间的差别在哪里"这一疑问时，"给公司带来的利润额"就是 Outcome，不过需要注意的是，除了那些我们事先准备好的解释变量，我们是无法得出 Outcome 与任何其他变量相关的分析结果的。也就是说，当我们事先准备好的解释变量只有性别和年龄这两种时，我们是不可能得出"哪种性格的人能给公司带来利润"这一结果的。

但这里的问题在于对 Outcome 的定义。

在谈及经营战略时，我曾建议大家将总资产收益率设定为 Outcome，那是因为如果是上市企业，我们可以从公开披露信息中收集这项指标的信息，而如果是非上市企业，我们则可以从帝国数据银行等第三方机构处入手这一信息。同时，总资产收益率还可以向我们指明企业今后的投资方向：我们既不应该投资那些销售额虽高但几乎无利可图的事业，也完全不必跟风投资那些利润虽可观但投入资本过大的事业。

不过，与企业或事业不同的是，当我们谈论人力资源时，却没有一种指标能够清晰明确地指明它与利润的相关性。诸位的公司或许也设定了一些衡量员工"给公司带来了多少利润"的指标，并将其作为奖金发放或晋升考核时的参考标准。不过，值得注意的是，一旦这些指标设定失误，就很可能会导致那些耍小聪明且工作低效的人反而比老老实实为公司努力做贡献的人更容易获得上司好评。这样一来，我们只能得到一些"从数学角度而言非常正确，但从企业经营角度而言毫无意义"的分析报告，等于白白浪费了分析成本。

现实社会中就有这么一个具有代表性的事例：美国某地区警察一到工作时间就会驾驶警用巡逻车上高速乱转。他们为什么要做这种对地区治安毫无意义的事呢？原因就在于这个地区的警察局是以巡逻车行驶距离对警官工作进行评价的！这一制度的初衷其实是为了鼓励那些"巡逻了大量地区的认真警官"，但是要知道，巡逻车行驶距离顶多只是一种方法而非最终目标。正因为存在这样的指标设定失误，才导致了警官们"毫无意义但评分却很高"的行为。

我们在做人力资源分析的 Outcome 设定时，经常会伴随此类问题。

例如，企业方经常会根据员工某一时期内所贡献的销售额大小对其进行考评。然而，值得注意的是，只有在成本差别不大的情况下参考销售额做考评才有意义。假设有一位销售人员负责承接系统开发或工程施工之类成本浮动较大的业务，这时如果仅仅根据销售额对其进行考评，他就完全可以钻空子，承接一些成本与总金额不匹配的订单。将成本 2 亿日元的业务内容以 1 亿日元的价格卖出总归远比将成本 8000 万日元的业务内容以 1 亿日元的价格卖出要简单得多。此举虽然会让公司蒙受巨额亏损，但对于客户们来说，这类销售提案当然比其他公司显得更合算，所以自然也就更容易受到青睐。

这样，不仅"销售额"上去了，在公司里还能备受夸赞，奖金丰厚，晋升迅猛，那么肯定会有销售人员有意无意间使用这类伎俩。不过，请各位试想一下：当销售人员都变成这种"只会耍滑头给公司带来损失"的人时，这家公司又该怎样存续下去呢？

而且，即使同为销售人员，也并不是所有销售人员都像上门推销员那样通过一己之力就能拿下订单。抓住潜在客户、构建信任关系、逐一解答技术性提问、最后一击拿下项目——在这一连串的团队合作当中，很多员工虽然并不直接带来销售额，但在整个过程中却发挥了重大作用。

这时，如果我们看重的只是销售负责人签下的合同毛利，那么这个团队就好比有着11名中锋的足球队，毫无平衡可言了。

"引入随机性"这一技巧

对于那些有固定流程且不直接影响到销售额的工作，数据分析也能派上用场。不过，这时我们需要对 Outcome 的设定下点小功夫。

例如，一个拥有数百名以上员工的会计部门每天要处理很多账单，这时一般人都会想到"将处理了多少张账单设定为 Outcome"。同样时间内，有人能处理很多账单而有人却无法做到。只要弄清楚这两种人之间的差别在哪里，我们就可以增加能大量处理账单的员工，而将几十名无法处理大量账单的员工调动至其他部门，这样或许能提高人力成本效率。

不过，这类分析只在"处理每份账单所费的精力几乎相同"的前提下才能成立。

例如，一份账单中含有大量商品明细及复杂的折扣项目，而且因为涉及海外交易，所以还要考虑到汇率等问题；而另一份账单上只简简单单地写明"××一套100万日元+消费税"。当这两份账单摆在我们面前时，该怎么办呢？我想大多数公司为了防止出错，都会让专业且优秀的会计员工负责前者，而让新手员工负责后者吧。但这样做可能会使新手员工因为"处理的账单数目多"而在考核中获得高分。

那么，这种情况该如何处理呢？标准答案是"在一定时期内给员工随机分配账单"。只要是随机分配，不管是新手还是老手，处理账单的平均时间都是相对固定的。在这一前提下，比较员工们每小时各自处理了多少账单，这种 Outcome 才算公平公正。

不过，单纯为了收集数据而这样做，可能会导致部门重大错误频发或业务出现停滞，如此一来就本末倒置了。这时，对于那些无法顺畅地处理高难度业务的员工，我们或许可以给他们提供"花再长时间也无法正确处理，遂放弃"这一选项，并将其纳入评估体系中。又或者，根据某种标准将员工技能划分为 3 个级别（高级、中级、新手），将高难度的业务只交给高级员工，同时找寻各级别内部影响员工业绩优劣的因素，这也不失为一个分析方向。

这种"仅在评估期间引入随机性"的做法，也同样适用于其他岗位。例如，销售新人的业绩之所以好，可能只是因为受到优秀上司的青睐而分到了一些好客户，也可能只是因为负责的都是些好卖的产品而已。这种情况下，我们可以将同一产品的客户清单随机分配给这些销售新人，看看他们在一定时期内能斩获多少合约，这样才能反映他们的真实业绩和水平。

广泛收集解释变量的备选项

综上所述，不管是对哪种职位做分析，我们在设定 Outcome 时都必须小心谨慎。

不过，相对而言，解释变量的搜集方法与第 1 章大同小异。我在第 1 章中曾列出一张问题汇总表（如表 1−5 所示），这张表为我们在思考企业的重要经营资源时提供了很多线索。在此，我将其中关系到人力资源的部分再次摘录出来，整理成表2-3。大家可以找一些见多识广且值得信赖的内外部人士，然后基于表中内容征求他们意见，同时查阅各类书籍杂志，广泛收集各种点子。

表2-3 从表1-5中摘录出来的员工个人因素

从员工个人角度可视为经营资源的因素（摘录）
当前业界，哪种人是能给企业带来利润的重要人才？
当前业界，企业或个人积累怎样的经验将能创造利润？
当前业界，企业或个人拥有什么样的知识能创造利润？
当前业界，谁的什么样的交流能力能创造利润？
当前业界，拥有什么样的员工多样性能创造利润？
当前业界，企业或个人获得哪种人的怎样的信任能创造利润？
当前业界，企业或个人与顾客维持怎样的关系能创造利润？
当前业界，拥有什么样的技术能创造利润？
当前业界，拥有什么样的研发能力、研发什么样的产品能创造利润？
当前业界，拥有或引进什么样的IT技术能创造利润？
当前业界，什么能激发企业或个人进行创新，从而创造利润？
当前业界，谁拥有学习什么内容的能力能创造利润？

我们还可以通过IQ等认知能力、特定专业领域内的相关知识、经验、"大五"等性格特征、人口统计学变量属性（年龄、性别、学历等）等来对人才进行判别。其中的专业知识和经验方面，除了笔试以外，我们还可以通过工作样本测试等方式来测评。

认知能力除了通过一般智力g来判定外，还可以进行"数学逻辑智力和语言智力"二维评估。另外，我在《统计学，最强的商业武器》一书中曾提及，心理统计学家路易斯·列昂·瑟斯顿（Louis Leon Thurstone）进一步主张应该从以下7个方面对智力进行评测。

（1）感知空间或立体的空间智力。

（2）与计算能力相关的数学逻辑智力。

（3）理解语言或文章意思的语言智力。

（4）关系到判断及反应速度的感知智力。

（5）进行伦理思考的推理智力。

（6）快速灵活地运用某种语言的流畅性智力。

（7）代表记忆力的记忆智力。

公司内部有些职位需要流畅的会话能力，有些需要记忆能力，而有些则需要图像及空间的把握能力，所以我们完全可以将这些都作为解释变量的备选。

可惜的是，据我所知，目前并没有测定瑟斯顿智力七因素的日文版系统或标准。不过，如果你只是想简单评估一下对方表达是否流畅清晰，那么完全可以用五等级评分来测定"（当被问到意想不到的问题时）面试者的应答流畅度（无关乎回答内容）"。

除此之外，近年来一种名为"非认知能力"的概念在管理学和教育学领域受到了广泛关注。非认知能力指的是"一种不属于IQ等认知能力的能力"。由丹尼尔·戈尔曼（Daniel Goleman）等推广的EQ，即"情商指数"，曾一度成为热门话题。甚至有研究证明：在各项非认知能力中，能够很好地控制自身的能力，也就是自控力高，比IQ高更能对工作上的成功做出解释。

下文中我将提到，当我们将访谈问卷式或自填问卷式的EQ测试直接应用到商务中时需要注意到的几个问题点，但这些是在实际收集数据或开始实际调研时需要考虑到的内容了。目前，就收集解释变量备选项这一步骤而言，我们需要考虑的只是综合各种可能性，思考哪些是我们做分析时不可或缺的解释变量。

15
收集所需数据
针对人力资源的统计分析流程③

找寻埋没在公司内部的数据

搜集完有关解释变量的各种点子之后，我们就可以开始着手收集数据了。

我建议大家在做新的调查之前先确认下，公司目前已经有哪些与人才相关的数据。例如，通过员工入职前提交的简历或应聘资料（包括未电子化的纸质版本），我们可以从中了解到该员工受过哪种教育、拥有哪些经验知识等。而如果员工入职时参加了 SPI 等测试，那么就算入职年份不同导致考试形式多少有点差别，但这也不妨碍我们掌握员工的认知能力指标（与语言或数字处理相关）和性格特质指标（与内省性或成就意愿相关）等相关数据。

除此之外，有些大企业在智库或调研公司的建议之下，还会对员工工作动机或抗压能力等各类项目进行调查，但这些调查大抵只是以调研公司提交一系列统计汇总结果的形式结束，仅此而已，相关数据也都没有得到充分利用。而当我们用本书介绍的思路去做分析时就会发现，有些调查项目给员工获利能力带来的影响其实远超我们的想象。

这些"未得到充分利用的调查项目"往往大多并非敷衍随便的内容，而是专家们基于某些管理理论，花费了大量时间和精力制作完成的。有些调查或许连参与回答的员工本人都忘得一干二净了，不过既然是下了一番功夫做的，我们就应该好好利用这些数据。

除了这些调查之外，另一个重要途径就是公司内部信息系统或 Excel 表格中都有哪些数据。例如，大部分公司都积累了员工出勤情况或上司评价等数据，一些项目管理成熟度高的公司也会积累有关"该项目是哪位销售负责人签下的，由谁花费了多少时间负责了哪些业务，最终耗费了多少经费，又达成了多少销售额"之类的具体数据。

作为分析人员，我们或许没有权限拿到所有数据，但还是能通过实施匿名化或灵活调整分析项目组人员等方式，尽可能运用到各类数据。

Outcome 设定时的注意点：巧妙弥补数据不足

收集完数据之后，我们就该思考怎样去定义与我们构思的 Outcome 尽可能一致的指标了。当我们想了解每位员工创造的具体利润时，仅仅知道他们的销售额和产品进货成本还不够，广告费或业务招待费等费用都没被计算在内，这种数据是不完善的。这样一种不完善的利润额是否适合被设为 Outcome？这意味着我们需要在考虑到各种制约因素之上选择最妥切的 Outcome。

设定好 Outcome，接下来就要尽可能多地列出与这个 Outcome 不具备理所当然的关联性的解释变量候选。什么叫不具备理所当然的关联性呢？例如，在一家基于成果发放奖金的公司，所谓理所当然指的就是将某项业绩设为 Outcome，而将奖金发放金额设为解释变量。

分析完，我们可能会得出"奖金越高的员工业绩越好"这一结论。然而，一味地给员工发放高额奖金并不意味着就一定能提高员工业绩。所以，我们从一开始就不该将这类与 Outcome 具备理所当然的关联性的条件设为解释变量。

整理好公司现有的内部数据后，如果 Outcome 或解释变量的相关数据还是不够，那么接下来我们就该考虑通过自己来做调查收集数据了。

在这一步，Outcome 相关数据的不足是致命的。当我们在挖掘公司内部数据时，有时会碰到一些局限。例如，我们原本想知道各位员工所负责项目的毛利额，但不知为何会计系统却没有记录销售负责人的具体信息。又或者，即使录入了信息也都是统一用了销售部门领导的名头而已。

这种情况下，我们需要列出过往交易或交易方（即客户）一览，请相关人士帮忙，尽量回忆出"谁是该项目的主要销售负责人"。

如果实在无法将利润额与员工相关联，那么我们就不得不换一个 Outcome 了。这个 Outcome 必须能够代表员工价值，同时也必须有相关数据。

退一万步来说，当没有其他更合适的数据时，我们或许可以将上司评价设为 Outcome。如果相关人员都一致认同"上司对下属的评价是公正准确的"，那自然是最好的。而如果大家心怀顾虑"这样一来，那些溜须拍马的人说不定会得到更高评价"，那么除了单纯的上司评价外，我们最好同时用上 360 度评估，也就是多方面听取下属、同事以及合作伙伴对其的评价，并取相关平均值。

另外，补充一点，本章曾介绍过温丘尔等人的元分析结果，在该篇论文中，除了"销售人员的销售业绩"外，他们还对"上司评价"这一 Outcome 也做了同样的分析。分析结果显示，在销售业绩方面，目标达成性、销售能力测试以及志向性（兴趣测试中该员工显示出的对销售这一职位的兴趣）这三点非常重要，但上司在评价某位员工是否"优秀"时，关注点则稍有不同。

志向性这一心理特质显然不如实际业绩更能博得上司好评，而与实际销售业绩鲜有关联的一般认知能力（即 IQ）和履历光鲜与否这两点却在上司评价时变得至关重要（如表 2-4 所示）。

表 2-4　上司对销售人员的评价与实际影响销售人员业绩的要素之间的区别

	因素	对上司评价的解释力	对销售业绩的解释力
"大五"特质	外向性	0.03	0.05
	情绪稳定性	0.01	0.01（负影响）
	协调性	不到 0.01	不到 0.01
	诚实性	0.04	0.10
	经验开放性	0.01	不到 0.01
	（以下为子项目）		
	亲和力	0.01	0.02
	说服力	0.08	0.07
	目标指向性	0.06	0.17
	可信赖性	0.03	0.03
其他因素	综合认知功能	0.10	不到 0.01
	一般认知能力	0.16	不到 0.01
	语言能力	0.02	0.08（负影响）
	数字处理能力	0.01	不到 0.01
	严格个人主义	0.04	—
	销售能力测试成绩	0.20	0.14
	经历	0.27	0.08
	年龄	0.07	不到 0.01
	兴趣测试	0.25	0.25

说直白点，比起实际销售业绩好坏，上司更容易对那些"应答睿智机敏、履历光鲜的人"做出过高评价。虽然我不清楚大家的公司里是否也有这样的倾向，但各位还是留个心眼，知道"有这种可能性存在"比较好。

解释变量相关数据扩充：性格特质的测定方法

与 Outcome 相比，解释变量的数据不足倒还算是小问题。不过，我们费尽心思才想出的解释变量，到头来却因为数据不足而无法弄清楚它与 Outcome 是否相关，这其实挺可惜的。

"比起 IQ（一般认知能力），在接待蛮不讲理的客户时，能否很好地控制自身情绪，沉着冷静地把控住洽谈场面，这才更重要吧！""同感！"无论大家的想法如何高度一致，没有数据终究是一场空。如果我们手头上有的仅仅是简历上的学历、专业资格，以及入职时的笔试、面试成绩之类的数据，那我们无论如何也无法得知自控力到底能给业绩带来怎样的影响。

既然是这样，那不如实际做项调查来测评一下员工的自控力。不过，这里的调查并不是简单做份问卷，列出一些"你认为你能很好地控制自己吗"之类的问题，让员工回答是与否就可以了。

就和出什么题目才能准确测出人们的 IQ 一样，到底出什么题目才能准确测出人们的性格特质呢？这也是一个需要专业知识、难度极高的问题。并不是说用一些随意想到的问题来做调查有什么不好，只是希望大家务必记住：想要测出人的性格和心理特质，其背后隐藏的问题难度之高，甚至超过了我们在后文中提到的"缩减"。

凭一己之力制作出合适的提问项目用以测定人们的特质，是一项非常困难的任务，所以在这一步我们最好使用专业心理统计学家们制作出的现成测量尺度。

我们只要在 Google 搜索想知道的概念和"问卷调查尺度"这一词语的组合，就能轻松找到一些心理学家们事先制定好的心理测定指标。

近年来，很多心理学家也都在尝试找寻"一种以尽量少的项目准确测

第 2 章
用于人力资源的统计学

定心理特质的尺度"。例如，现在已经可以用 10 个提问项目来测定"大五"。如果只有 10 个问题，那我们完全可以在做其他调查时顺便加上去，也不会太费工夫。

不过，就算尺度本身非常完善，能否将其实际运用到商业领域又是另一回事了。测量非认知能力的尺度种类繁多，风靡一时的丹尼尔·戈尔曼的 EQ 便是其中之一。毋庸置疑，这类调查测试的确可以测出一个人的自控力。但是，当我们发现这样测出的自控力确实能对业绩做出解释，于是决定将在招聘时采用这种测试时，会出现什么样的问题呢？

如果是 IQ 测试，那么就算应试者想要使自己"显得更加聪明一些"，也未必清楚该怎么去解答那些试题。但 EQ 测试就不一样了，如果有人知道"拥有强大自控力的人工作上更容易获得成功"，那么他们就会主动编造一些虚假的答案以使自控力得分更高，这应该不是难事。

如果那样的话，我们就应该使用第三方观察者的评价来对他的非认知能力进行测量，而非应试者本人的回答。当然，应用心理学家们也精心设计了很多让人难以故意造假的实验方法。

例如，提供一道无解的难题，看应试者在最终放弃作答前能坚持多久；提供一个弹簧握力器，看应试者能握多久；给出字面意思与实际颜色不同的文字，如用红色写的"绿"字或用蓝色写的"黄色"等，观察他们作答时能否正确识别出颜色。这类测试都曾被用来测量自控力。甚至有些测试会给出一道题目，这道题目需要应试者持续且专注地观察某一画面，但同时测试负责人员会在一旁播放笑声不断的搞笑节目，以此来观察应试者有没有不经意间分散注意力或被吸引过去。

当然，如果只是为了测定应聘者的自控力，就让他们花很久时间去尝试解答一道无解的难题，这种做法未免有些不妥。而如果我们把这个环节安插进工作样本测试中，这样就比较合情合理了。例如，我们可以出一道权威专家也无法解答的难题，然后从"是不放弃、不断尝试，还是做到一半就无法集中注意力、主动放弃"的角度对应聘者进行评分，这样某种程度上我们就可以获得反映应聘者非认知能力的数据。

　　商业领域的调查与学者的研究不同，商业调查与损益往往密切相关。对开展分析并应用分析结果的企业方来说是如此，对希望被录用的应聘者、期待提高薪酬的员工或想要做笔划算买卖的顾客来说也是如此。他们当中有些人甚至与数据分析结果有着直接的利害关系。因此，我们需要提前预想到，他们多少都会有意无意间给出一些有失偏颇的答案。

　　为了防止这些利害关系带来数据上的偏颇，又或者为了保证即使出现偏颇也要使其在可修正范围内，我们需要提前精心周到地设计好数据收集方法，这是在做人力资源相关分析时最关键的一点。

第 2 章
用于人力资源的统计学

16
分析数据
针对人力资源的统计分析流程④

对相关性强的解释变量做"缩减"

收集完所需数据，接着就可以开始分析了。基本分析流程与第 1 章相同，唯一一点差异在于：与做企业分析相比，做人力资源分析时我们需要以各种形式测定很多抽象要素，所以有时我们要对变量做"缩减"处理。

前文中我曾提到，斯皮尔曼认为可以用一般智力 g 这一维度来衡量古典测试成绩、音乐测试成绩甚至是反应速度，这意味着各种测试成绩被缩减成了一个维度。20 世纪 80 年代的心理学家们则将此前人们总结出的各类性格特质缩减成了"大五"这五个维度。类似的，**将较多变量调整并减少为较少变量的这一过程，我们称之为"缩减"**。

如果是专家严谨设计出来的类似 SPI 的心理测量工具（专业术语中称为测量尺度），那么我想其中应该不太可能含有互相高度相关的指标。万一有的话，你应该向负责与你对接的销售人员严正地提出你的质疑。

如果你想自行制作新的问卷调查，或考虑将"大五"和 SPI 性格测试这类出处相同的尺度用于同一调查中，你尤其需要留个心眼，至少要尝试用 Excel 中的"数据分析工具"或 CORREL 函数提前计算一下相关系数，以防万一。

假设你在做调查时，除了用到专家提供的"大五"相关尺度以外，还自行追加了 4 道题目，每道题目都设置了从"完全不符合"到"完全符合"五个等级的答案,而我们对"大五"各项与追加题目间的相关系数进行计算后得出结果如表 2-5 所示。我们该怎么去解读这一结果呢?

数学上对"相关系数达到多少才算大"这一点并没有明确定义,但依据惯例,在心理测试中相关系数大于 0.3~0.4 或小于 -0.4~-0.3 时就需要引起注意。同时,相关系数只能取 -1~1 之间的值,当其取 0 值时,即表示处于"完全不相关"的状态。

表 2-5 关于追加题目与"大五"得分间相关性的示例

题目	外向性	协调性	诚实性	情绪稳定性	经验开放性
能积极参与所有工作	0.73	0.08	0.31	0.12	0.03
对自己的人生有着明确的目标意识	0.02	0.0	0.11	0.19	0.08
喜欢看催人泪下的电影或电视剧	0.17	0.29	0.04	-0.05	0.10
不管多忙都想着知恩图报	0.19	0.23	0.18	0.11	0.06

根据上述标准,员工在对"能积极参与所有工作"做出回答时,其结果与"大五"中"外向性"的相关程度很高,同时,与"诚实性"之间的相关系数也值得关注。也就是说,"外向性高的人更倾向于回答'能积极参与所有工作'"。这样的话,或许就没必要再让他们回答这个题目了。我们要做的是将这道题目去掉,下一次调查时也别用了。

从统计学角度来看,我们不建议将相关性强的解释变量用在同一多元回归分析中。毕竟如果那样的话,专家们费尽心思制定出的合理尺度可能就因此白费了。

两个相关项目的得分可做合计

除了工作积极性以外,人生的目标意识、是否喜欢催人泪下的故事以及是否知恩图报这几个项目与"大五"得分间的相关性并不太高。但我们可不能就此满足，因为我们自己列出的调查项目间的相关性也可能很高（如表2-6所示）。

表2-6　追加题目间相关性的示例

题目	人生的目标意识	喜欢催人泪下的故事	知恩图报的心态
人生的目标意识	1.00	0.04	-0.02
喜欢催人泪下的故事	0.04	1.00	0.65
知恩图报的心态	-0.02	0.65	1.00

从表中我们可以得知，"人生的目标意识"与其他两项几乎不存在相关性；而"喜欢催人泪下的故事"与"知恩图报的心态"之间却互为相关。那么，这时我们就需要做一下调整了，具体方法大致有两种："分析时只使用其中一项"或"将两者相加，设定一个新的解释变量"。

如果采取前一种方法，那我们到底该用哪一项呢？一种判断标准是使用"与被定义为 Outcome 的业绩间相关性更强"的那一项。就本例而言，我们很难认为人们仅仅因为喜欢看催泪的电影或电视剧，所以工作能力就强。而那些喜欢这些东西的性情中人，他们的人情味会比较浓，在与同事、下属或客户交流时更能交心，相应的业绩也会更好。这样分析下来，"知恩图报的心态"才更该被选为分析对象。

另外，当"两者同等重要"或"比起单独某一项，更应看重这两个项目共同测出的某项特质"时，我们就该将两项得分相加。同样，就本例而言，当我们认为比起"是否喜欢催人泪下的故事"或"能否知恩图报"，这两者背后的"人情味"才是左右业绩好坏的关键时，那么不如就干脆将两个得分相加，重新定义为"人情味得分"更好。

多个项目相关联时使用"因子分析"

假设我们在专家制作的"大五"等尺度之上，又追加了少数几个题目，甚至有时我们会因为灵感迸发而追加更多题目，这时各项目间互相紧密关联的情况就会时有发生。

当追加题目超过 20 道时，其中一个题目就很可能与其他数个题目具有相关性。这种情况下，应该将哪几个题目相加，又应该去除哪几个题目，就显得极其复杂了。

这时，我们可以用到"因子分析"。因子分析的相关详细说明超出了本书的主旨范畴，大家如果想深入了解，还请参考相关专业书籍。在此，我仅选取丰田秀树撰写的《因子分析入门》中，针对性格测试的提问项目进行因子分析的结果（如表 2-7 所示）。

表 2-7 因子分析的结果示例

题目	第一因子	第二因子	第三因子	第四因子	第五因子
对他人的心情漠不关心	−0.41	0.05	0.13	0.22	−0.03
询问他人的幸福	0.60	0.06	0.08	−0.03	0.01
知道如何安慰他人	0.66	0.00	0.18	−0.03	0.02
喜欢孩子	0.45	0.19	0.10	−0.06	0.17
能使人安心	0.55	−0.05	0.27	−0.14	0.05
从事辛苦的工作	0.00	0.55	−0.06	0.07	0.16
持之以恒地坚持将一件事做到完美	0.08	0.67	−0.12	0.13	0.06
做事情遵循计划	0.09	0.59	−0.09	0.03	−0.08
做事情半途而废	0.06	−0.68	−0.02	0.10	−0.01
浪费时间	0.03	−0.58	−0.12	0.13	0.11
言语不多	−0.06	0.15	−0.64	−0.13	−0.08
不擅长与人搭话	−0.06	0.02	−0.71	0.03	−0.05
知道如何吸引他人	0.25	−0.06	0.46	0.09	0.31
和任何人都能很快成为朋友	0.31	−0.04	0.62	0.02	−0.06
喜欢帮助别人	0.04	0.23	0.46	0.22	0.21
易怒	−0.15	0.02	0.17	0.91	−0.06
易烦躁	−0.14	0.04	0.10	0.86	0.00

(续)

题目	第一因子	第二因子	第三因子	第四因子	第五因子
性情多变	0.06	−0.03	−0.07	**0.68**	0.01
情绪易低落	0.09	−0.13	−0.39	**0.40**	0.09
容易沮丧	0.20	0.00	−0.20	**0.44**	−0.14
想象力丰富	0.01	0.03	0.12	0.00	**0.53**
不将自己的想法强加给别人	0.17	−0.09	0.05	0.16	**−0.46**
可以进行高难度对话	0.07	−0.04	0.21	0.03	**0.63**
将时间花在对事物的细致讨论上	0.16	−0.04	0.31	0.06	**0.37**
没有对任何主题进行过深度追究	0.08	−0.04	0.06	0.11	**−0.52**

一些直觉敏锐的读者可能已经注意到了，这些提问项目全都是围绕"大五"进行评测的。例如，关注他人的心情和幸福、喜欢孩子、擅长安慰他人、能使人安心等，这些都属于协调性。而从事辛苦的工作、不浪费时间、喜欢遵循计划、持之以恒地坚持将一件事做到完美，这些都属于诚实性。

这里的数值代表的不是相关系数，而是因子负荷量，也是在 −1 和 1 之间取值。在所有因子中，标识为粗字体的相关提问项目的因子负荷量大致在 0.4 以上，而其他提问项目的因子负荷量都不到 0.4（最好不超过 0.3）的状况是最为理想的，表 2−7 显示的结果基本符合这个标准。

整理到这一步，我们就可以将与同一因子相关联的项目得分相加并定义为"外向性得分"了。专家们在制作问卷调查尺度时，大多也都是像这样对提问内容下了很多功夫，做了很多筛选。

不过，"对他人的心情漠不关心"这一项目与其他协调性相关项目"回答取向相反"，这类项目被称为**反转项目**。对于反转项目，我们并不是将得分直接相加，而是将被设为 1~5 的原得分进行反转，即"1 分的话反转为 5 分，2 分的话反转为 4 分……"随后再相加。不仅是因子分析，前面提到的将 2 个相关性高的项目相加时也会用到同样的方法。

不过，由于这一过程太过费时费力，所以在调查阶段最好"尽量避免用到这类方法"。也就是说，我们尽量只用专家制定的尺度，同时避免同时使用多个提问内容相似的尺度。

使用多元回归分析还是逻辑回归

将解释变量间的相关性整理到这种程度后，接下来的步骤就和第 1 章基本相同了。

如果 Outcome 是销售额或毛利额，又或者所处理的业务件数等是以定量数值呈现的内容，那么就用多元回归分析和自动变量选择。如果有必要，我们还可以将 Outcome 的数值转换成对数。**如果 Outcome 是他人评价的"优秀与否"等定性内容，那么我们就用逻辑回归代替多元回归，同时也做变量选择**。

我在前一本书《统计学，最强的商业武器（实践篇）》中曾提到，出于对推算精度的考量，有人认为最好不要用因子分析缩减变量后再做回归分析，而是应该用结构方程建模，对变量间的相关性展开一次性分析。

另外，当我们以"非常优秀/比较优秀/普通/不优秀/完全不优秀"这五个等级对人才优秀程度进行评分时，也可以用逻辑回归法直接对 Outcome 做分析，尝试找到"哪个解释变量与优秀等级相关"，但我个人不太推荐这种做法。

区分"非常优秀的人才与除此之外的人才"的因素，与区分"普通水准以上的人才与不中用的人才"的因素往往完全不同。所以，尽管各家公司都想招揽优秀人才，但大家分析前还是应该先想清楚，自己想要的是那类少数极其顶尖的人才，还是想要普通意义上的人才以降低失误率、提高公司的人才整体水平。理清我们的目标后，如果原数据用的是五点量法，我们最好还是基于"是非常优秀还是并非如此"或"是普通水准以上还是没达到普通水准"的二分法来重新调整 Outcome，然后做普通的（二值）逻辑回归比较好。当然，如果这两种信息都很重要，那么请务必两者都分析看看。

我在上一章中对多元回归分析的结果已做过说明，在此为了学习如何解读逻辑回归分析的结果，我们首先假设得到的结果如表 2-8 所示。分析的 Outcome 是通过上司或同事的 360 度评估得出的"能否被归为前 5% 的优秀员工"这一项目。

表 2-8 针对"是不是优秀员工"的逻辑回归结果示例

解释变量	优势比（OR 值）	95%置信区间	P 值
男性	0.96	0.92～0.99	0.034
年龄（岁）	—		
入职时的笔试成绩（分数）	—		
入职时的面试评价（五个等级）	—		
外向性（分数）	—		
情绪稳定性（分数）	1.08	1.01～1.16	0.026
协调性（分数）	—		
诚实性（分数）	1.13	1.03～1.24	0.012
经验开放性（分数）	—		
消耗品费（万日元）	—		
差旅交通费（万日元）	—		
接待及交际应酬费（万日元）	—		
会议费（万日元）	0.98	0.96～0.99	0.048
报纸图书费（万日元）	1.03	1.01～1.05	0.003
休全休假的次数（次）	—		
休半休假的次数（次）	0.83	0.75～0.92	<0.001

接下来，我将详细说明如何解读这张表，又该如何活用它来帮助公司增加收益。

17

解读分析结果
针对人力资源的统计分析流程⑤

逻辑回归的解读方法复习

分析结果出来后,我们就可以解读其意义,然后考虑具体应该采取哪种措施了。

本章中我们假设对某家企业的销售员工进行了 360 度评估,综合了上司、下属以及同事等相关人士的评估结果,得出"能否被列为前 5% 的优秀员工"这一指标,并以该指标为 Outcome 展开了分析。备选的解释变量除了性别、年龄等基本信息之外,还包括员工入职时的测试成绩(笔试或面试)以及员工的"大五"得分。

同时,我们还通过公司内部系统收集到了各员工的接待及交际应酬费、差旅交通费和报纸图书费等各项经费的使用情况,以及一年的休假次数(各休了多少次全休假和半休假)等考勤记录,这些都可以被视作解释变量。

假设我们对这些解释变量实施变量选择后得出的分析结果如表 2-8 所示,那我们该如何对其进行解读,又该采取怎样的行动呢?

关于逻辑回归的具体内容请参考我的前一本《统计学,最好的商业武器(实践篇)》,在这里我只对分析结果的解读方法稍做说明。**优势比**(**OR 值**)简单来说指的是进行逻辑回归后得到的,代表"匹配概率(原本就足够小时)约为几倍"的结果指标。例如,本例中我们用的是"是否属于前5%的优秀人才"这一Outcome，这勉强在"足够小"的范畴内。在此前提下，我们得出的结果是男性的优势比为0.96。也就是说，男性员工属于优秀员工的概率是男性员工以外的其他员工（也就是女性员工）的0.96倍。换言之，假设女性员工中有5%属于优秀员工，那么我们可以认为男性员工的优秀人才比例约为其0.96倍（4.8%左右）。

不过，请大家注意，当原本的匹配概率不"足够小"时，"概率为多少倍"这一关系是无法直接成立的。例如，当女性员工的80%是优秀员工时，基于该优势比我们推算出男性优秀员工的比例约为77%。由于本书主要面向初学者，考虑到易读度，接下来我将统一用"概率为多少倍"这一说法来表达"优势比为多少倍"的意思，但请大家务必记住"只有在原本的概率足够小时才有意义"。不管怎样，毫无疑问，优势比大于1时较容易匹配，而小于1时则不容易匹配，且优势比比1大得越多或小得越多，就说明解释变量和Outcome的相关性越强。

对于性别这类定性的解释变量，我们还可以采取"当解释变量匹配某内容时，其为优秀员工的概率约为多少倍"的解读方式。而对于"大五"得分或花费的经费额度这类用数字表示的定量的解释变量，我们则可以采取"这些数字每增加1，其为优秀员工的概率就呈现约多少倍增长的倾向"的解读方式。例如，情绪稳定性的得分每增加1分，优势比就增加1.08倍，其为优秀员工的概率也成相应比例的增加。而对于优势比小于1的会议费和休半休假的次数，从表2-8中我们可以得知：这两项解释变量值越大，其为优秀员工的概率就越低。

优势比右方的95%置信区间和P值所表达的意义与上一章相同。95%置信区间指的是当我们无数次收集分析数据后得到的优势比"大致会落在这个区间内"。当这一区间值两端均比1大或均比1小时，P值也就相应地小于0.05，这时我们就很难认为该分析结果是"单纯由数据波动导致的结果"，这也就意味着该结果值得信任。另外，各优势比与Outcome间的相关性（在其他解释变量条件不变的前提下）也与上一章相同。除此之外，表 2-8 中优势比、95% 置信区间与 P 值标示为 "-" 的部分，表示该解释变量虽被列入备选，但做完变量选择后发现它们从统计角度而言并不重要，因而被剔除了。

有没有"违背经验或直觉的结果"

当我们仔细查看分析结果时发现，对该公司而言，男性比女性更为优秀的概率较低（也就是说女性更为优秀），同时年龄和入职时的笔试面试结果与优秀程度并没有什么关系。

在"大五"性格特质中，我们看到：情绪稳定性与诚实性的得分越高越优秀，而代表社交能力高低的外向性、协调性、经验开放性却与优秀程度关系不大。

从预算花费方面来看，分析结果显示：会议费高的员工不太优秀，而报纸图书费高的员工却比较优秀。另外，除消耗品费外，代表拜访客户次数、出差次数、路途距离长短的差旅交通费，以及接待及交际应酬费到底给 Outcome 带来了正面还是负面的影响，目前我们还不得而知。

从考勤的角度来看，休全休假的次数与优秀程度好像并无相关性，而休半休假的次数却与优秀与否关系很大。

简单总结下来，我们得到的结果是"女性，情绪稳定且诚实，不太使用会议费但经常使用报纸图书费，并且不休半休假，这样的员工就是优秀的销售员工，而其他解释变量与 Outcome 的关联目前尚不明朗"。不过，对于这一结果，我们需要注意以下几点。

首先，我之前也提到过很多次，这里的 Outcome 是上司或同事对"能否被列为优秀员工"的评估，所以在该公司中，到底是女性真比男性优秀，还是只是女性比男性更容易被评估为优秀，仅仅凭手头的数据，我们

第 2 章
用于人力资源的统计学

是无法做出判断的。

　　就其他解释变量而言也一样。对于经常休半休假的员工，我们可以理解为：由于他对工作不太有热情，或者缺乏对前一天晚上饮酒量的自控力（导致经常只休上午半天），所以才难以成为一名优秀的销售员工。不过，也有可能是因为那些完成同等销售业绩的员工经常休半休假，导致周围员工对他印象不太好。这两种情况都会得出同样的评估结果。

　　当我们得到一些违背经验或直觉的结果时尤其需要留个心眼。因为这些分析结果或许能给公司带来巨大收益，但同时这也意味着我们需要对以往做法进行大刀阔斧的改革，所以我们在实际行动之前也势必会遭到各方的反对。我们必须提前严谨确认这类结果，确保它不是由单纯失误引起的。而那些与经验或直觉完全吻合的结果，可能最终收获的只是一句轻描淡写的"那是当然了"而已。

　　具体来讲，本例中我们得到了"会议费多的员工是优秀员工的概率很低"这一结果。按理说对销售人员而言，与客户或生意伙伴在餐桌上推杯换盏间谈生意，这在他们工作中占据了很大比重，会议费高低应该与这些有关，而结果却显示其与业绩呈负相关，这的确挺让人费解的。这时，我们需要对"有没有输错数据"或"有没有忘记某些应该纳入分析的其他解释变量"进行反复确认。

　　例如，或许存在以下这种情况：出于工作性质和与其他员工间的人际关系等原因，管理层很难获得"优秀"的评价，但身为管理层，他们的身份和地位却往往容易使他们个人名义下的会议费金额过高。

　　这种情况下，管理层们就会出现会议费金额过高但评分却不高的情况，所以或许仅仅是因为数据中包含了管理层才出现了上述分析结果。这时，我们应该，要么将管理层数据从分析对象中剔除，要么追加"是否为管理层"这一解释变量，然后再度尝试分析。

　　像这样，**当我们对数据进行反复研讨，在确保能驳斥我们能想到的所**

有反对意见后，如果仍得到了与经验或直觉相反的结果，那就意味着这一结果可能就是一直以来被我们忽视的重大发现。

除此以外，结果还显示，员工被录用时的笔试成绩和面试评价与优秀程度无关。就这点而言，我们需要注意数据是否被"删失"或"截断"了。我将在本章末的专栏中对此进行详细说明，还请大家查阅。

不过，再怎么"谨慎细心"地做数据分析，到头来如果不采取任何行动，那么还不如从一开始就别做数据分析了。不管用的数据多么庞大完善，得出的分析结论多么高大上，如果不付诸实践，那么依旧没有任何价值。

统计分析结果不过是一枚灵感的种子而已。从业务知识的角度出发，如果我们能断言这个灵感"明显逻辑不通"，那么就没必要强行落实。不过，如果我们无法断言它的对错，那么完全可以尝试通过随机对照测试来验证。

所以，当我们抱着谨慎的心态解读分析结果时，应该同时也将思维切换到"该根据分析结果采取哪些实际行动"的状态。

应采取的行动："改变"

受分析结果的启发，我们应采取的行动大致可以分为两类：一个是"改变"，另一个是"转移"。

首先，第一个是"改变"。例如，假设"情绪稳定性越高，成为优秀员工的概率就越高"的话，"尝试提高员工的情绪稳定性"就是我们行动的大方向。

情绪稳定性指的是不太生气、焦虑、沮丧或慌张。因此，"改变"现有员工的情绪稳定性并非不可能。例如，这世上便存在一种帮助我们控制愤怒情绪的名为愤怒管理的技能，有很多相关的教学书籍和训练专家，甚至有人也做过通过愤怒管理训练实际提升人们非认知能力的随机对照测试。

所以，通过这些项目改变员工的"情绪稳定性"这一解释变量，进而间接地将现有员工改造成为更优秀的人才，这也不失为一种方法。

除了情绪稳定性以外，我们还可以通过提升自控力来提高员工的诚实性，也就是有计划地将某项困难工作负责到底的特质，这也是"改变"行动之一。有先行研究证明，只要我们在日常生活中留心一些小细节，例如每天下意识地保持正确的姿势，或每天坚持语法准确且礼貌的遣词用字等，自控力就会慢慢增强。

另外，比起去餐厅吃饭交流，鼓励员工下意识地增加白天在办公室进行商务洽谈的次数，或积极奖励员工用经费购买业务相关书籍，同时提供员工将阅读内容在组内共享的机会等，这些都可以作为"改变"的措施。

最后，为了验证这些"改变"举措的有效性，我们可以将员工随机分为两组，向一组员工提供可以提高情绪稳定性、诚实性以及报纸图书费消费金额等解释变量有关的研修项目，而向另一组员工提供原有的普通研修项目。一段时间后，再对两组员工业绩上产生的差距进行统计分析。如果我们可以通过 P 值判断"两组间的业绩差距并非由偶然波动导致"，且该差异足以弥补我们花费的研修成本的话，那就意味着，我们找到提高员工业绩水平的方法。

应采取的行动："转移"

但并非所有解释变量都是能"改变"的。

最容易理解的例子就是性别。假设相比男性而言，女性成为优秀销售员工的概率更高，但我们却不可能因此就让所有男性员工都去变性。对年龄、出生地等其他属性而言也一样。这时，"改变"这一举措就无法实施了。又或者，就报纸图书费来说，仅仅靠上司发号施令让员工去买报纸图书，并不意味着员工就能变优秀。有可能只是那些不用别人催就能主动买报纸图书的员工中优秀的人比较多而已。这种情况下，"改变"这一措施依旧无法奏效。

这时，我们需要做的是"转移"。就算很难给现有员工带来"改变"，但我们还是可以"转移"今后的招聘目标。也就是说，我们可以不再漫无目的地通过履历、笔试和面试来决定录用与否，而是带着明确目标，下意识地去提高女性或经常阅读业务相关报纸书籍者的录用比例。换句话说，就算我们没法"改变"员工个人，但我们可以将公司"改造"成优秀员工占比更高的组织。

"转移"录用目标时，我们当然也可以通过随机对照试验来检验效果。例如，我们可以将人事的招聘负责人随机对半分为两组，要求一组重点录用女性或看报读书者，而另一组则按原有流程进行招聘。当然，前一组不免也会录用一些男性或不爱看报读书的人士，但如果经过一段时间后，经由某组录用的员工们与另一组录用的员工们之间的业绩产生了差异，且这种差异水平无法被视为偶然，那么或许公司是时候改变一下录用方针了。

作为人力资源管理措施候补的"HPWP"

最后，我想再介绍一个概念，以供大家在思考解决方案时参考。在欧美企业的人力资源管理领域，一种名为高绩效工作实践（High Performance Work Practice，HPWP）的概念正备受关注，其有效性也已经由系统综述得到了证明。

HPWP一般由招聘录用活动、人才选拔、业绩评价、晋升、职务设计、公司内信息共享、教育培训、员工对工作生活平衡管理的参与、（来自员工的）投诉处理手续、态度评估、赋权、团队作业、薪酬激励等领域构成。也就是说，采用哪种方法（使用招聘平台还是效仿 Google 重视员工介绍等）挖掘适合本公司的优秀人才，使用哪种选拔或评估手段判断其能力、资质、积极性和目前的工作状况，从而最终决定录用或晋升与否。同时，抛开无谓的管理层经验或直觉，如何安排员工的业务内容、如何照顾到员工的工作生活平衡，如何给予员工必要的信息、权限和培训，如何组建团队，以及如何在支付奖金时将员工获得的技能与业绩相联动等。

不管在哪个国家、哪个地区或哪个业界，越致力于执行 HPWP 的企业业绩就越好，这一结论已得到了系统综述的证明。

简单而言，在人力资源管理领域这些项目被视为是行之有效的候补措施。不过，这并不意味着不管不顾，只要闷头推进这些措施就万事大吉了。其中，我们尤其需要注意薪酬激励这一措施。对那些员工可独立负责、能轻易测定出工作成果的质或量、有固定流程的工作而言，针对个人生产效率发放奖金的方法具有积极作用。例如，曾有这样一个案例，美国某家汽车玻璃组装工厂在放弃时薪，转而根据绩效（组装的玻璃量）发放薪酬后，不仅员工生产效率提高了，连高效员工的离职率也降低了。

不过，另一方面，对那些更重视团队合作、难以客观测定出工作成果的质或量的工作，我建议最好不要将奖金与个人业绩联动。例如，在看重团队合作或顾客满意度的销售团队中，如果根据员工销售额发放奖金，不仅员工之间不会再互相协作，甚至可能会有人一味追求销售额而不惜牺牲对顾客的服务和支持。从长远角度来看，这样做的负面影响非常大。

有系统综述结果显示，一种名为收益分享，即将企业利润分享给员工的框架（例如，根据事先制定的标准，将企业利润的几成拿出来与全体员工分享）更有助于提高员工绩效，同时也不容易受企业实际状况所左右。

通过实际推进上述统计分析，想必各位已经知道究竟哪种员工或组织特质能为公司或部门业绩带来贡献了。接下来，我希望大家从"应该改变什么"和"应该转移什么"的角度出发，认真思考上述 HPWP 中哪些措施才能提高这些特质。

从现有数据中提取假设、思考并采取行动、最后再做实际验证——只要我们能持续地执行这一流程，相信各位公司里适才适所的优秀员工数量一定会稳步增加。

第 2 章
用于人力资源的统计学

18
本章总结

这一节，我们来总结一下前文内容。在第 1 章中，我从战略分析角度出发，对"在哪个市场开展竞争"这一外部环境以及企业内部的核心能力和经营资源等优势做了介绍。一般情况下，企业优势更能对收益性做出解释，而且管理学家们业已发现企业收益性的三成至五成均可由该企业拥有哪种优势来做出解释。

企业优势的种类很多，有人才、组织、物品或资金等有形资产，也有市场营销等带来的各种无形资产，以及技术能力等，本章着眼的是人才方面的优势。先行研究业已证明，最为优秀的程序员，其生产效率是能力差的程序员的 10 倍，是平均水平的程序员的 5 倍。

另外，施密特和亨特对 85 年间的大量研究进行整理后发现：优秀员工与平均水平级别的员工相比，即使从事的是非专业性工作，生产效率也会高 19%；而当从事的是专业性工作或管理业务时，这个数字则高达 48%。这说明，如果我们站在"企业大部分员工是否优秀"这一角度灵活运用数据，是可以收获丰硕成果的。

然而，值得注意的是，基于 IQ 等指标，不问岗位，盲目地录用员工的做法效率并不高。研究领导力的众多管理学家们在 20 世纪 90 年代左右就已发现：员工是否优秀，生产效率高低，取决于员工特质与情境是否匹配，也就是情境适配的问题。

施密特和亨特做的以所有岗位为对象的系统综述结果显示，IQ 或 SPI 等一般认知能力测试仅能对业绩的 26% 做出解释；而温丘尔等人做的以销售员工业绩为对象的系统综述则显示,一般认知能力甚至无法对销售业绩的 1% 做出解释。

如果这一情况也适用于日本国内,那么,大企业们一味地录用那些高学历、SPI 得分高的人,并且在员工本人并无意愿也未显示出任何职业适应性的情况下,执意将他们安排到销售岗位上,对企业,对员工本人,乃至对日本社会整体而言,都是非常令人惋惜的。

温丘尔的资料显示,当我们在选拔人才时,比起一般认知能力,更应该看重对方对销售岗位的兴趣、适应性以及诚实性等特质,这样才能高效地录用到优秀的销售人员。

对于那些左右公司业绩的岗位,如果我们能够通过数据把握哪种能力或特质与高生产率或业绩相关,而哪种能力或特质其实并不太重要的话,那么我们就能轻松找到那些天生适合做这些工作的优秀人才了。

当我们从权变理论出发思考问题时就会发现,管理学家们提出的诸如"某类员工生产效率更高"的普适性理论并不一定适合自己的公司。但只要对公司现有数据做精准分析,我们就可能会发现那些竞争对手尚未意识到的隐藏在人才背后的秘密,而正是这个秘密可以帮助自己的公司大获成功。

所以,本章建议大家参考表 2-9 进行分析。

表 2-9 第 2 章总结

Outcome	• (与收益性或生产效率尽量直接相关的)某项业绩 • 无法实现的话,就使用尽量公平的评价
解析单位与范围	• (从事几乎同等性质工作的)员工 • 有必要时也可加入其他公司同一岗位的员工

(续)

解释变量示例	• IQ 或 SPI 之类的认知能力（包含多个因子） • 某特定领域的知识或经验 • 兴趣爱好 • 年龄、性别、学历等属性 • "大五"等性格特征 • 考勤、使用经费、业务活动等履历 • 组织因素及其认知
数据源示例	• 录用时的选拔考试记录 • 连续实施的公司内部调查 • 追加实施的新调查 • 公司内部系统或 Excel 中积累的业务记录信息
分析方法	•（使用变量选择的）多元回归分析及逻辑回归分析 • 重新制作调查提问项目时，也会用到因子分析等内容

首先，将 Outcome 设置为与收益性或生产效率直接相关的某项业绩。如果个人业绩或销售额足够明确，那么我们就可以将该数字或业务量设为 Outcome。如果员工业绩没法用客观指标来衡量，那么我们就使用尽量公平公正的评估结果作为 Outcome。这时为了防止那些受上司青睐的员工更容易获得好评，我们最好同时采用包括同事评价等在内的 360 度评价。

解析单位是个人，分析对象尽量选择从事几乎同等性质工作的员工。例如，分析销售人员的话就尽量全部选择销售人员，分析客服人员的话就尽量全部选择客服人员。理想情况下，分析对象至少为几十人，最好为几百人。相反，如果符合要求的人员有数万人，那么我们最好再做进一步细分。例如，当分析对象是客服人员时，我们就可以按照他们所接待的顾客和所负责的商品种类不同，将其划分为"尽量具备相同性质"的较小范畴。

当公司内部的分析对象人数不足或数据存在偏颇时，我们可以考虑将外部员工也纳入分析范围，并对第三方提供的信息做出分析。

通常情况下，我们能想到的解释变量首先是 IQ 或 SPI 得分之类的认知能力，而认知能力除了已统合为一个维度的一般认知能力以外，还包括数学能力、语言能力等从更多细化维度计算出的得分。另外，我们在招聘面试时无意中收集到的一些信息，例如，某项工作必备的专业知识、经验、能力或资格，以及对业务内容的兴趣度和关注度、拥有哪种兴趣爱好等，这些都可以成为重要的解释变量。

除此之外，心理学家们设计的以"大五"为代表的各类心理特质，已经由先行研究证明与业绩具备相关性，所以我们也可以提前确认公司是否已做过此类调查，如果没有的话能否安排实施。当然，如果可以从公司系统中顺利调出考勤、经费、业务活动等信息，也可以作为一项有用的数据。

在本章中，为了防止内容过于分散，我刻意将话题限定在了"个人能力与资质"范围之内。但事实上除此之外，组织因素也是应予以考虑的解释变量。例如，职场内人际关系如何，公司氛围如何，上司和下属间关系如何，等等。我们可以参考表 1-5，考虑一下是否需要将这类组织因素也纳入分析范围。

具体来讲，就算一个人能力十分优秀，如果所在职场氛围十分排斥失败，并且员工们互相拖后腿，那么他或许也无法发挥自身能力吧。而与之相反，就算一个员工业绩不太突出，但如果他能帮公司营造积极的工作氛围，为其他同事创造专心工作的条件与环境，那么我们可以说，这位员工通过改善组织因素也为公司做出了巨大贡献。

企业和研究人员们已经研发出了各类员工满意度调查表。员工的人际关系如何？他们如何看待企业文化、职务、薪资或福利制度？我们都可以使用这类调查表进行调查。通过进一步分析调查结果，我们就能得知，哪些组织因素很关键，应该如何做进一步改善，而这种改善又能给企业业绩带来哪种影响。

除此以外，系统综述提供的论据显示：员工满意度越高，生产效率越呈现上升趋势；职场的社会关系资本（即同事或上司的可信赖程度）越高，生产效率也会越高；相反，人员流动性越低，生产效率也越高。所以，在实际调查时，我们最好也针对这部分内容做出提问。

最后，当然这可能已经超出了大多数商务人士所掌控的范围，而且从某种意义上来说这也属于终极人事，那就是"选谁进入公司高层"。例如，哥伦比亚大学的汉布瑞克（Hanbrick）等人在1984年提出了**高层梯队理论**，认为高层管理团队的能力或特征为企业的能力或特征奠定了基础。摒弃简单的年功序列或内部帮派，也不再一味地参考那些应景式的评估结果，取而代之，如果我们能明确什么样的人才算得上真正优秀的高层管理者，并以此安排高层人事的话，很可能会给公司业绩带来极大影响。

关于分析方法，当Outcome是销售额等以数字表示的定量内容时，与第1章相同，我们用多元回归分析；当Outcome是"是否优秀"这类表达定性差异的内容时，我们用逻辑回归分析。必要的情况下，我们也可以用逐步回归法做变量选择。而当需要自行制作新提问项目或同时将多个内容略有重复的调查尺度用于同一分析时，则应该用因子分析提前做"缩减"。

那么，这些分析结果是否真的就是与收益性存在因果关系的关键性因素呢？就算用的是比较高级的分析手法，我们也没法做到百分百保证。不过，只要基于"改变可以改变的解释变量"和"无法改变时就转移目标"这两个理念，我们还是能够从分析结果中得到一些启示来帮助我们改善公司收益的。

例如，当某项能力或心理特质与业绩相关时，有没有方法能强化这项能力或心理特质呢？如果没有的话，怎样做才能更加高效地招聘录用到拥有这项能力或心理特质的人才？如果我们找到了解决方案，那么，接下来只要通过随机对照试验来验证该策略实际给收益带来了多大影响就可以了。

通过上述分析流程，相信各位的公司一定能发掘到与收益性紧密相关的重要核心能力，并且在此基础之上思考出具体的行动方案，从而最终达到提升收益的目的。

然而，就算人才或核心能力再重要，也不过是只关系到了部分企业收益而已。金融资产、设备、经由市场营销获得的无形资产（如品牌形象、顾客、与合作伙伴的关系等）以及拥有的核心技术等，这些都是我们需要考虑的领域。

顺带一提，当我们在思考"哪种品牌形象会提高收益""在产品中应用哪项技术更能提高收益"时，需要考虑到的条件远比人才的权变理论要复杂得多，因为根据所售产品和目标顾客群不同，受到青睐的产品形象和特征也是有着天壤之别的。

不过，管理学家们围绕这类复杂的问题也已创立了相关理论，这就是下一章的主题：有关市场营销的思考。

统计学补充专栏 2

"删失"和"截断"

我实际接到过这样的咨询案例：当某家公司用内部人事数据分析应届毕业生的 SPI 成绩与业绩的关系时却发现，两者间并不存在明确的相关性。这时，我们就必须考虑到"删失"或"截断"的可能了。

让我们做个假设：当我们知道所有年轻人的笔试成绩和"如果予以录用后他们可能达成的业绩"时，可以画出如图 2-2 所示的散点图。

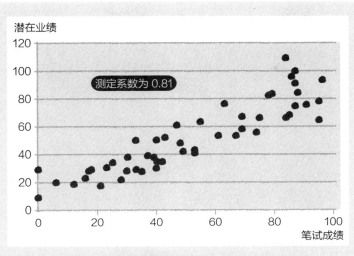

图2-2 笔试成绩与潜在业绩的关系（全体）

可知，笔试成绩越高，潜在业绩也就越高。这一关联性非常明确，且测定系数达到了0.81。也就是说，"笔试成绩可以对八成以上的业绩波动进行解释"。这种笔试识别优秀人才的精度之高，在现实世界中是难以想象的。

但当我们将这种笔试运用在选拔人才时会出现怎样的情况？假设我们只录用那些笔试成绩在80分以上的毕业生，这时当我们用公司内部的"录用笔试成绩及业绩相关数据"做分析，就会得出如图2-3所示的散点图。

与刚才不同的是，这张图中两者间的关联性并不明显。笔试成绩对业绩的解释力仅为4%，甚至业绩最优秀的人，其笔试成绩在所有录用人员中却是最低的。

即使是这类能对业绩高低做出精准解释的笔试成绩，也依旧出现了"当用公司内部数据进行分析时却并没得出明确相关性"的现象。所以，如果仅凭这类分析结果就断定"实际分析下来发现，根据××招聘录用员工是毫无意义的，应予以停止"，这个判断未免就太草率了。

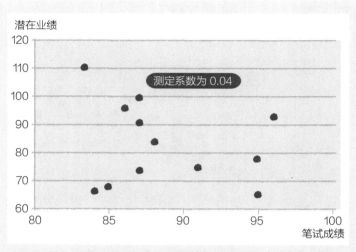

图2-3 笔试成绩与潜在业绩的关系 （仅以录用人员为对象）

这类问题一般被称为"截断（truncation）"或"删失（censoring）"。对于入职笔试成绩这一解释变量，所谓所有年轻人，自然指的是我们可以收集到前来应聘的所有求职者的数据，但对于业绩这一变量，只要实际不予以录用，我们就无法拿到确切数据。但如果入职笔试成绩不达到一定分数就不予以录用，那么业绩这一 Outcome 就会发生上述数据"截断"。又或者，当求职者们都属于全体人中的优秀群体时，数据也可能出现"截断"。

同时，我们需要考虑的是，不管一个人再怎么优秀，他的入职笔试成绩或业绩评估都不可能超过 100 分，也绝不可能低于 0 分，而上述图中却有一名潜在业绩为 110 分的人。就算他优秀到潜在业绩可以高达 110 分，但受公司内部评价系统制约，他的业绩也还是无法高于 100 分。像这样，数字的修约方法不同，导致分析结果出现差异，这种情况称为"删失"。

这类问题在计量经济学领域很早就受到了关注，并促进了"截断回归模型"或"删失回归模型"等方法的诞生。其中，最具代表性的当属获得 1981 年诺贝尔经济学奖的詹姆斯·托宾（James Tobin）

提出的 Tobit 模型。简单来说就是，不以实际观测到的业绩等 Outcome 为标准，而是通过设想潜在变量以推测其与截断或删失的关联性的一种方法。

计量经济学家想要探明的是隐藏在各类现成经济统计数据背后的机制，而企业却完全不同。企业不用像计量经济学家那样拘泥于手头现有的数据，试图单单靠一些高深的统计手法做分析，相反，企业完全可以思考如何进一步收集和完善数据。

例如，企业可以在招聘员工时反其道而行之，预留部分名额去"故意录用一些在通常标准下会被淘汰的人员"。可能会有人担心，这样一来企业就不得不终身雇佣那些未达标准的员工了[⊖]。但换个角度思考问题，至今为止企业都是在毫无依据的情况下终身雇佣那些年轻人，这又何尝不是种风险呢！如果通过这类实验，我们可以在今后几十年里减少这种盲目录用带来的风险，那么这类实证实验也就具备足够的合理性了。

将这些录用的员工都纳入实验对象，分析他们的业绩到底出现了哪些差异，这样我们或许就能找到一些更合适的面试筛选标准了。

如果实在没法做上述尝试，那么在最低限度上，企业也应该对不予录用人员做后续追踪调查，这同样有助于我们收集一些有益的信息。例如，随机选中一部分曾被淘汰的人员，委托调研公司对他们现在所在的企业、公司地位、工作内容和业绩等进行访谈调查，这种做法是完全可行的。然后，根据调查结果总结出其中哪类人是我们后悔未录用的，并思考今后应该如何利用应聘数据来对这类人做出有效识别。

相信在思考公司今后的人才战略时，本章内容一定会给到各位一些启发。

⊖ 这是由于日本存在终身雇佣制。——译者注

第3章

用于市场营销的统计学

　　大多数日本企业在市场营销数据分析方面都存在意识上的代沟。一方面，大企业的调研部门经常配置着熟知高端统计方法的专家；而另一方面，大部分公司做决策时参考的却只是那些简单的固定样本调查汇总结果或"经验与直觉"。虽然很多企业都导入了 CRM 或营销自动化等最新技术，但几十年来不断被提及的有关市场营销的基础概念却始终未被理解。本章的目标就是填补这一代沟。通过本章中介绍的方法，我们只要掌握最基础的市场营销概念和最基本的统计方法，就能收获到远超简单资料汇总的高额利润。

19
市场营销战略与顾客中心主义

接下来，我们谈谈市场营销。提高了公司内部的核心能力（人才及组织因素）后，接下来就该思考公司外部因素了。也就是说，下一步我们应该着眼于顾客和市场，思考生产哪种产品、提供哪种服务、找寻哪种销路、打出哪种广告以及采用哪种销售手法等。

目前，那些注重市场营销的大部分公司都或多或少对各销路的销售额趋势做了汇总。当然也有公司按性别、年龄等基本属性对顾客进行了划分，并在此之上对顾客人数做了汇总。不过，这些单纯的数据汇总并无法向我们透露"左右 Outcome 大小的因素是什么"，而后者正是本书一直以来强调的主题。本章中我将向大家介绍超越了这类单纯汇总、运用了统计学方法的市场营销概念。

iPhone 需求真的无法通过调研知晓吗

有一种站在市场营销统计调研，即市场调研对立面的想法，认为"顾客其实并不清楚自己想要什么产品，所以问也是白问"。每当这时，近年来被尊为创新典范的 iPhone 就会经常被拿来作为例证。我们因此总能看到以下这类贬低市场调研价值的言论，"iPhone 面市以前，不管再怎么做市场调研，恐怕顾客都没法意识到自己想要的是 iPhone 吧"。

然而，在初代 iPhone 发布之前的 2007 年 1 月，能进行邮件收发和网页浏览的黑莓手机（BlackBerry）就已在全球商务人士中大放异彩。当年日本移动供应商提供的以 imode 为代表的功能性手机联网服务也带来了巨额创收。工作原理虽不同但同样具备液晶触摸屏式的用户界面和同类型 CPU 架构的任天堂 DS，自 2004 年上市以来就在全球范围内大受欢迎。而且，2006 年 7 月之后，用户只要配备上当时新发售的 NDS 浏览器这一适配器，就能通过无线局域网浏览网页。

退一步而言，无论是否借助移动设备，当时很多消费者已经通过网络收发邮件、查询资讯、进行 SNS[⊖] 交流了，只不过大多数人应该都是通过办公室、卧室或客厅放置着的台式机上网的。那么，这样一来，一定会有一部分人萌生想要在外出时也能轻松上网的想法。不管怎样，早在 1996 年，"网瘾（Internet addiction）"这个词就已经出现在医学论文当中了。

如果身处如此庞大的市场需求之下都毫无觉察，我想那些市场调研人员，要么相当愚钝，要么一定是 IT 盲吧。所以，"和台式机一样能 24 小时轻松联网的某项产品"这一需求，想必当时已经有很多人意识到了。也正因为如此，无数企业在 iPhone 出现以前都争相发布了围绕这一主题的具有挑战性的产品。

然而，只有 iPhone 在这场竞争中收获了巨大的成功。当然，如果你把 iPhone 的成功归功于它的天才经营者和设计师，认为正是得益于他们才创造出了如此优秀的产品，这当然也没错。但如此一来，平凡的我们又该怎样在商业活动中取得成功呢？这道题依然无解。

效仿蓝海战略的方法

"制造出前所未有的优秀产品"这一理念，换句话说，也就意味着

⊖ SNS 是 Social Networking Services 的缩写，即包括社交网站和社交软件在内的社交网络服务。——译者注

统计学思维
如何利用数据分析提高企业绩效

"大胆剔除掉现有产品中无用的部分，并增加重要的部分"。

这并非是我独创的想法，而是摘取自第 1 章中提到的 W. 钱·金和勒妮·莫博涅合著的《蓝海战略》。据他们总结，那些最终成为"蓝海"的高收益战略的特征在于：它们都在对市场竞争领域做好严谨定位的基础上，大胆增加了该市场中的重要要素，同时大胆剔除了那些无用要素。

例如，在日语版《蓝海战略》中，作为日本市场蓝海战略的代表性案例而被提到的是 QB HOUSE[一]。QB HOUSE 以"重要度低"为理由剔除了普通理发店提供的剃须、洗发和按摩等服务。由此，在供水设备方面较弱的地段，公司也可以开设店铺，从而降低了每位顾客理发的单价和时间，这也成为 QB HOUSE 在此类市场实现差异化的重要因素。

但对那些更重视剃须、洗发和按摩等服务，不太在意价格、地段、理发时间的顾客而言，这一定是项"极其荒谬的战略"。然而，QB HOUSE 现已成长为在全日本坐拥 500 多家店铺，每年来店顾客达 1800 万人次的大型企业。QB HOUSE 的成功意味着还是有很多顾客"尽量不愿在理发上花费时间和金钱"的，对他们而言，"剃须和洗发服务毫无意义，完全可以自己代劳"。所以，在他们看来这项战略无疑存在着压倒性优势。

从这点而言，iPhone 是否也一样？别说黑莓手机那样的键盘了，iPhone 连普通手机的数字键都没有。我们虽然能用它听音乐，但看不了 One Seg[二]，而且上市初期时它连转移手机通信录都非常困难。不过，取而

[一] QB HOUSE 是日本 QB Net 公司旗下运营的连锁理发店，以提供短时（10 分钟）低价（1200 日元）的理发服务而闻名。QB HOUSE 和普通理发店最大的区别在于只提供剪发服务，不提供以往日本理发店标配的剃须和洗发服务。——译者注

[二] One Seg 是 One Segment 的缩写，它是一种面向移动动画和移动终端的单频段部分收信服务，可以简单地将其理解为移动电视的一种标准。通过支持 One Seg 的移动设备，人们能够随时随地在线观看低画质的流媒体。——译者注

代之的是，iPhone 拥有大尺寸、优美的液晶显示屏，这可以减少用户在浏览网页时的压力。同时，iPhone 还导入了相应机制，通过这一机制，用户可以简单开发并上架 iPhone 专用 App，也能轻松下载并使用它们。

当我们从与 QB HOUSE 战略类似的角度分析 iPhone 热卖的原因时就可以发现，和大屏幕下使用 App、浏览网站这一优势相比，通信录等这类手机基本功能以及文字输入用的物理键盘等就显得没那么重要了。

有形产品也好，无形服务也罢，通常我们在增加其某项优势的同时，相应地也会导致部分弱势产生。但如果我们贪心到想制作一款大尺寸液晶屏和物理键盘兼备的产品，那么最终成品很可能会变得又大又笨重，生产成本也会增加。正因为如此，只要我们认准"相对不那么重要的部分"并大胆地将其剔除，相应地，就能大胆地增加一些更为重要的部分。最终，这一部分会转变为巨大的产品魅力和竞争力。

想必天才经营者和天才产品设计师都擅长一眼看透"何为重要，何为不重要"。而一旦这一步没走准，制定出的战略或生产出的产品就完全无法博得顾客欢心。

然而，知易行难，现实当中我们却很难将这一理念轻松应用于实践。这是因为"何为重要，何为不重要"这一价值观也因人而异。在第 2 章中我曾提到权变理论，即工作性质与员工特质间的适配度不同，生产效率高低也会发生改变。在市场营销领域，状况则更为复杂。顾客数量或多样性、产品或销路、广告媒体特质等，我们需要考虑到的适配组合的种类太过庞大复杂了。

统计学能战胜天才的原因

那么，该如何解决这些复杂的问题呢？现代市场营销将顾客放在了中心位置，这也就是所谓的**顾客中心主义**理念。在谈及产品、销路或广告时，重视什么、哪些内容更具魅力等，这些说到底都是由顾客来判断的。所以，我们从一开始就必须深入了解顾客。

2004年，南佛罗里达大学的卡诺（Kano）等人针对横跨全球五大洲共23个国家的187项实证研究做了系统综述，其结果显示：不论国家业种，那些遵循顾客中心主义的企业，经营业绩都明显表现得更为优秀。

在践行顾客中心主义时，如果目标顾客只有一人，那么我们应当"与他进行深入交流，对他做细致观察"，以便更好地了解他。但如果我们面对的是成千上万名顾客，与他们一一对话显然是不现实的。这时，通过市场调查来与这几万名顾客进行"交流"，我们还是能够做到充分了解这个顾客群体的。

这就是在现代市场营销战略中，统计学有时甚至能够战胜天才创意的最大原因。

20
现代市场营销的基础知识

科特勒对营销的定义以及常见误解

不管是 B2B 也好，B2C 也罢，几乎所有企业在销售产品时都得付出努力，而这个努力的过程通常就被称为市场营销。

在杂志上登广告、举办活动、参加展会、策划广告赠品等，都被称为营销行为。不过，对于企业做出的这番努力，也会有商务人士觉得"如果产品本身没有魅力，再怎么努力做营销也是白搭"。

我在本章中所论述的市场营销概念，其意义远比"宣传"或"推销"要广泛。现代营销学之父菲利普·科特勒（Philip Kotler）于 1967 年写下名著《营销管理》，该书每隔几年就会修订一版。在近年发售的最新版中，科特勒在书中开篇对市场营销做出定义时依旧给出了如下警示，"营销，并非是一般意义上的将产品巧妙兜售出去的过程。"为此，该书引用了彼得·F. 德鲁克（Peter F. Drucker）[一]的观点，该观点指出营销的终极目标是通过深入理解顾客需求，最终达到无须"兜售产品"这一目的。

当我们基于这个观点再回看上述意见时就会意识到，当"产品本身（对目标顾客而言）不具备魅力"时，那么企业再怎么投入巨额广告宣传费做营销，最终也只能以失败收场了。

[一] 彼得·F. 德鲁克，现代管理学之父，其著作影响了数代追求创新以及最佳管理实践的学者和企业家们，各类商业管理课程也都深受其思想的影响。——译者注

近年来，市场上还出现了一些 IT 系统，它们能够帮助企业管控 CRM（Customer Relation Management，即顾客关系管理）和营销自动化（Marketing Automation）。这些系统的宣传标语通常是这样的，"引进我们的系统，就能不费脑筋、轻轻松松地做好市场营销"。

然而，这些系统所负责的往往只是对 DM 投放流程等进行管理或实现自动化而已。说到底，这些还只属于"宣传"或"推销"，不过是市场营销的一部分而已。科特勒甚至在《营销管理》中提到，"如果没有理解顾客中心主义这一营销大原则就盲目引进这类系统，最终大多只会以失败告终"。

当然，如果大企业能合理利用数据来优化 DM 投放流程，的确可能带来数亿日元的销售额增长或成本降低。但仅仅通过对顾客的消费频率、消费时间间隔和消费金额等内容做做汇总就能得到的 DM 投放优化方案，其效果其实非常有限。同时，近年来流行的机器学习也一样，一旦用错地方，反而会招致更为严重的负面后果。

常见的一类陷阱就是：某公司引进了一套机器学习系统，该系统通过机器学习可以"从顾客的消费模式预测出其今后能否成为优质顾客"，然后，企业就开始迫不及待地将附带有优惠券的 DM 投放给系统筛选出的那些优质顾客候选人们。

这种做法或许偶尔会奏效，但实际上，随机对照试验的评估结果显示，有时候那些优质顾客候选人们"不管有没有收到附带优惠券的 DM，他们在那之后都会经常产生购买行为"。也就是说，公司给优质顾客候选人们寄出的 DM、印刷成本和邮费都统统打了水漂，更进一步说，连优惠券提供的折扣金额都等于白送了。

也就是说，当我们将最终解决方案限定在投放 DM 或优惠券这一措施上时，应该考虑的 Outcome 就不应该是"某位顾客消费了多少金额"，而是"投放这份 DM 会导致顾客的消费金额发生多大变化"。这时，使用**智**

能营销增益模型（Uplift Modeling） 这一方法群将更为适合。这一方法群在 21 世纪之后曾受到广泛研究。当然，如果企业在投放 DM 时不再随机操作，而是锁定某一特定的顾客群体（也就是优质顾客群）为受众，那么我们还需要用到统计学因果推断方法。

就像这样，分析人员往往因为没能真正理解这些方法的意义或局限而导致企业蒙受损失，每每看到这种情形，我都会深感惋惜。

进一步而言，正如科特勒所指出的那样，基于顾客中心主义认真思考"市场营销的基础战略"，这种方法带来的影响将比"优化 DM"深远得多。因为就像我在前言中所提到的，前者才是商业活动的"主干"。如果我们在改善"枝叶"时没有考虑到它与"主干"的匹配程度，那么不仅会徒劳无益，有时甚至对企业有百害而无一利。

以谁为对象开展商业活动

现代营销中的战略大致可以分为两种：其一是"以谁为对象开展商业活动"，其二是"卖什么，怎么卖"。

就"以谁为对象"而言，顾客的需求多种多样，严格意义上来说每个人都不尽相同，所以上文中我就提过，我们需要真正理解顾客。但以不同的方式给每位顾客提供不同的产品，也无法成为一项高收益的商业战略。因为商品越具备多样性，生产成本就越高，管理整体流程时也就更费时费力。

例如，就产品颜色而言，颜色种类太过丰富会导致我们难以对顾客需求做出精准预测，最终可能会导致部分色号断货，而带来机会损失。而与此同时，部分色号即使打折也卖不出去，不得不予以销毁，这最终也增加了商业损失。

"无视顾客需求，大量销售同种产品才能成本更低"或"销售符合每位顾客需求的产品才能更好卖"。在现代营销学中，我们使用"**市场细分**"的方法来取这两者间的平衡。也就是说，将整体市场划分为需求或生活方式相似的小群体来思考营销战略。

相应的，思考并商讨应针对哪个细分市场开展营销的过程被称为**目标市场选择**。

假设我们做完市场细分和目标市场选择后发现，目标细分市场中几乎所有顾客"都倾向于选择单一色调"的话，那么企业就完全没必要考虑在产品中加入丰富多样的配色了。

这个道理对产品颜色、功能以及广告、销售方法而言都一样。不管整体市场的价值观呈现出怎样的多样化，我们需要关注和思考的始终只是自己的目标市场中受欢迎的那些产品。基于这一理念，我们在做营销战略时，就能很顺利地对需要侧重的部分和不需要侧重的部分做出取舍了。

卖什么，怎么卖

做好市场细分并真正了解了顾客之后，紧接着，我们就该思考"卖什么，怎么卖"了。"卖什么"虽然指的是销售的具体产品或服务，但在那之前，我们需要站在抽象层次上思考，"用一句话概括，我们想要销售的产品是什么"，也就是所谓的**市场定位**。这是现代营销学的基本原则。

市场定位这一概念始于营销专家艾·里斯（Al Ries）和杰克·特劳特（Jack Trout）于1972年发表的论文。同一市场中，竞争企业或产品的增加会导致顾客难以把握各类产品间的差异。这时，"用一句话概括，这个产品到底是什么"，这种差异化策略简明易懂，正是产品竞争力的源泉。同时，对顾客而言，当这一差异化极富魅力时就意味着这项业务会获得成功。

例如，对前文提到的 QB HOUSE 而言，差异化就是"交通便利、价格便宜、理发快"。当然，为实现这一目标，我们需要考虑到很多实际问题，例如设计怎样的吸尘器来吸干净理发后散落的碎发，引进怎样的设备以节省空间等。但这些都是卖方需要考虑的问题，至于 QB HOUSE 能为顾客提供的价值，通过上述那句市场定位的话几乎就可以概括到位了。

同样，当提到 iPhone 与传统产品间的差异时，一方面我们可以用"拥有 3.5 英寸静电容量方式触摸面板的……"来对产品的具体规格和功能进行描述，但另一方面，如果要用一句话来概述 iPhone 给顾客提供的价值，一句"随时随地轻松上网"就可以表达到位了。

站在抽象层次思考市场定位的优势，并不仅仅在于它与最终的广告战略或广告标语息息相关。思考市场定位的真正意义在于，对于公司向顾客提供的价值，我们通过在抽象层面赋予它意义，就使得我们可以通过市场调查从顾客口中探出那些尚未出现的新兴产品或战略的价值。也就是说，当世上还没有 iPhone 时，也许顾客无法明确回答自己想要的是不是 iPhone，但他们却能够回答自己是不是想要"随时随地轻松上网"。

至于如何找准市场定位，在下一节中我将向大家做具体说明。在找准"用一句话概括自己卖的是什么"的市场定位后，我们需要考虑如何通过 4P 来具体实现这一市场定位。

4P 指的是 **Product**（产品）、**Price**（价格）、**Place**（场所）、**Promotion**（促销）。前文提到的 DM、销售及杂志广告等都不过是促销的一部分而已。我们在思考促销方法时，"卖给谁"这一细分市场自不必说，还要考虑它必须与"以什么价格""在哪里""卖什么"以及"如何让顾客买到"这些内容相匹配，这样才能规划出优秀的促销方案。

讲到这里，想必大家已经注意到上文中"如果产品本身没有魅力，再怎么努力做营销也是白搭"这句话中互相矛盾的地方了吧。

好的市场营销并不是借助广告或销售的力量勉强卖一些可有可无的产品。好的市场营销需要我们构建一套完整的机制——通过真正理解顾客，制造出顾客真正想要的产品，并以顾客感觉合理的价格，在顾客容易接触到的场所或渠道销售，同时再辅以顾客能够理解的适当推广，这样一来，产品自然会大卖。这才是科特勒和德鲁克所说的"无须兜售产品"这一营销终极目标。

那么，我们怎样才能接近这一终极目标呢？

统计学当然能帮上大忙。接下来，让我们一起来学习具体的调查分析方法吧。

21
准备数据,基于数据来思考"卖给谁"
针对市场营销的统计分析流程①

市场营销的数据分析至少要做三轮

接下来,我就针对市场营销的数据分析流程做一下实际说明。

第 1 章和第 2 章中的数据分析也基本都遵循下列步骤。

(1) 设定分析对象的范围。

(2) 收集包含变量在内的所需数据。

(3) 分析数据。

(4) 解读分析结果、思考行动方案。

在市场营销中,**我们至少需要实施三轮上述流程**。第一轮是为了分析细分市场和目标市场,也就是为了思考"将产品卖给谁"。第二轮是为了分析市场定位,也就是为了思考"用一句话概括,卖的是什么"。第三轮是为了思考和实践市场定位时的 4P。

至少三轮,也就意味着,根据情况有时我们需要做四轮甚至五轮。例如,我们好不容易挖掘到了一个极具潜力的细分市场,但在制定营销战略时却发现该细分市场顾客喜欢的产品、销路或广告都不是自己公司擅长的领域。这时,与其执着于这个细分市场、做公司本身并不擅长的业务,倒不如倒退回市场细分这一步,思考并找寻下一个具有潜力的细分市场。

正是因为有这类情况的存在,市场营销战略的制定过程也被描述为是

"螺旋式的"。也就是说，这一过程既不是从头到尾笔直地呈线形进展，也不是在同一个阶段不停打转，而是一边转圈一边朝着目标螺旋式上升前进。

又或者，我们也可以引进第 1 章中提到的精益创业战略。首先临时确定一个细分市场（"卖给谁"），以此为轴心来思考市场定位（"卖什么"）以及 4P。如果在这一步中我们没有找到合适的答案，那么就可以尝试在对"卖给谁"或"卖什么"中某一方进行固定的情况下，将另一方调整为其他更具潜力的内容。通过重复这一步骤，最终制定出合适的营销战略。

请大家先将这一螺旋式或转型式的全景模型记在脑子里，接下来我将先针对市场细分和目标市场选择的分析流程做一下说明。

分析对象是除"极不可能的人"以外的所有人

首先是"分析对象范围的设定"，基本上应设定为"除去那些极不可能成为顾客的人以外的所有人"。大多数企业总想拿手头"辛辛苦苦收集到的数据"去对那些已申请积分卡或已成功签约的客户信息做分析。但无论我们对现有顾客数据做多么精密的分析，都无法回答"成为顾客与否的分界线在哪里""今后公司应新开拓的细分市场在哪里"这类问题。

那么，到底什么才是"除去那些极不可能成为顾客的人以外的所有人"呢？假设有一家服装品牌主要销售女士服装，这时值得注意的是，男性顾客未必就属于"极不可能"的人。

因为如果这个品牌的服装设计偏中性风，一些身材纤瘦的男性时尚达人们或许会因为"虽然是个女性品牌，但上身效果挺不错"而前来购买。又或者，假如这是个众多女性憧憬的、但价格却不怎么亲民的高端品牌，那么当情侣一同前来为纪念日挑选礼物时，如果该品牌的服装同时也符合男性喜好，那么男方就很有可能希望让女伴穿上这些衣服。这些对企业来说，或许都不失为行得通的营销战略。

当然，如果我们对影响购买的因素（无论是间接的还是直接的）做出综合考量后，最终仍然得出"虽然不是不可能，但可以不予考虑"的结论，那么只将女性定为分析对象也是完全可以的。不过值得注意的是，盲目断定"我们的顾客应该是这类人"，并且只对这一类顾客做数据分析，这种做法和仅凭直觉下定论并无二致。如果我们不将分析对象设定得比想象中的顾客群体更广一些，那么我们就很难发现那些"意料之外的细分市场"。

与 B2C 相比，B2B 有时并不太注重市场营销，但上述思考方法在 B2B 中也依旧有效。假设你在一家销售建筑机械的企业工作，那么顾客细分基本上都是那些供职于建筑相关企业、拥有裁决权的企业负责人。不过，当我们将分析对象的范围再拓宽一些时，你就很可能会发现一些意料之外的重要细分市场。

首先对单源数据做分析

确定了分析对象的范围以后，接下来就开始收集数据了。

我们在做市场细分时可以用到各种各样的数据。在这里，我以上述《营销管理》中提到的市场细分变量为例做介绍，以供大家参考。不过，原书介绍的都是与美国市场相关的变量，比如地理变量中的山丘地区、南部大西洋沿岸以及新英格兰地区等。又或者，人种、宗教等在美国虽然属于重要统计信息，但这些在日本却很少用来做统计变量。

当根据日本国内市场对原文内容进行调整后，便得到了如表 3–1 所示的变量汇总。

表 3-1 市场细分变量示例

变量类型	变量	划分方式
地理	地域	北海道/东北/关东/中部/近畿/四国/九州与冲绳
	城市人口规模	100万人以上/50万~100万人/30万~50万人/10万~30万人/5万~10万人/……
	人口密度	都市/郊外/乡下
人口统计资讯	性别	男性/女性
	年龄	不到6岁/6~12岁/13~18岁/19~34岁/35~49岁/50~64岁/65岁以上
	家庭类型	年轻单身人士/年轻未育夫妇/最小的孩子未满6岁的已婚人士/……
	收入	不到100万日元/100万~250万日元/250万~500万日元/500万~750万日元/750万~1000万日元/……
	职业	学生/家庭主妇（夫）/文书工作/销售及服务工作/技能工作/专业技术工作/管理工作/……
	雇佣形态	正式雇用/派遣与契约员工等非正式雇用/打零工/无业
	受教育程度	初中毕业/高中毕业/短期大学及职业学校毕业/大学毕业/研究生毕业
心理	生活方式	文化志向/户外志向/体育志向
	个性	神经质的/爱交际的/权威主义的/具有野心的
行为	价值观	重视品质/重视服务/重视性价比/重视速度
	产品目前使用状况	非用户/原来的用户/潜在用户/首次使用的用户/持续使用的用户
	产品目前使用量	轻度消费者/中度消费者/重度消费者
	忠诚度	无/中等/高等/绝对
	购买准备阶段	是否有认知/是否有信息/是否有兴趣/是否有购买期望/是否有购买意图
	对产品的态度	狂热的/抱有肯定态度/没有兴趣/抱有否定态度/敌对的

地理、人口统计资讯及行动变量方面，表3-1中所列内容覆盖得已经相当全面了，而心理变量方面，我们还可以花点工夫收集到更加丰富的数据。例如，我们可以参考第2章中提到的"大五"性格测试，又或者可以用《心理测定尺度集》中的价值观、人际关系、情感情绪以及着装行为等各类测定心理特质的尺度。在调查中尝试使用这些尺度，我们或许能发现一些以前从未注意到的重要细分市场。

基于这样的概念设计一份问卷，内容覆盖所有你想调查的变量，同时将提问数量控制在调查对象能接受的范围内，这样我们就可以收集到用于做市场细分的所有数据了。不过，如果大家之前几乎没有做调查的经验，一上手就要自行考虑并设计调查项目是非常困难的。而且，就算我们做出了调查设计，让成百上千的顾客回答问卷中几十个到几百个项目，成本和难度还是相当高的。

因此，在这一步，我推荐大家，尤其是B2C商务领域的读者，首先分析广告代理商或是调研公司手上的单源数据。

"单源"指的是数据的来源只有一个，即针对同一名调查对象，围绕营销相关的所有项目提出各类问题并收集得到的数据，包括产品使用情况、品牌喜好、价值观以及各媒体平台使用情况等。当然，你可以剔除那些与公司业务无关的项目。基本上，所有这类单源数据都可用作市场细分变量。

例如，据我所知，日本的电通或旭通之类的广告公司就拥有它们自己的面板数据，在线调研公司明路（Macromill）、日经 Research 或野村综合研究所等也向顾客提供这类数据。这些数据涉及的产品、品牌以及心理特质等内容虽不尽相同，但相同的是，它们都是针对1万名以上日本人进行的多维度调查，调查对象覆盖了从年轻人到60岁以上老年人等相关人群。

不过，有的公司不向一般大众出售分析用数据源，取而代之的是，它们要么根据顾客需求提供汇总好的表格，要么提供可用来自动汇总的工具，要么将其与数据分析类咨询服务配套出售。商业模式可谓是多种多样。

如果有些公司提供的只是一些汇总类表格，那么我们终究是无法按本书介绍的流程做分析的。不过，有时候，这些公司只是对外声称不提供数据源服务，只要我们和销售负责人等各公司相关人士直接交涉，有时还是能找到解决方案的。我们可以要求他们要么以可分析的形式提供数据，要么以本书所介绍的方式替我们做分析并提供报告。对于这些公司而言，当初收集数据也是花费了相当高的成本的，所以只要与现有的商业模式不违背，他们一般都会想方设法从这些数据中获取最大收益。

除此之外，注重营销的大型企业一般都会频繁地针对自家产品或竞品开展调查，以把握顾客认知、价值观或品牌形象等。这些内部数据大多只被用来做简单汇总，实在是可惜极了。而如果我们用本章介绍的方法进行分析，那么同样的调查费用就能产生更大的价值。

从事 B2B 商务的人或许很难收集到如此详尽的数据，但这也并不意味着就无计可施了。我们可以将第 1 章中提到的从帝国数据银行入手的企业信息（包括企业属性或财务状况等）用于市场细分。

除此之外，很多业界团体或专业化智库都会针对该业界企业的负责人进行定期调查。举个例子，日本信息系统用户协会（JUAS）每年就会面向导入信息系统的用户企业负责人开展调查，主要目的是为了了解企业属性、IT 投资现状及方向性等具体内容。

不过，根据业界或组织不同，有些团体或许并不提供除图表或统计结果之外的用于分析的原始数据。但大家如果感兴趣，我建议还是应该尝试与这些团体进一步联系咨询。如果从这些团体或智库收集到的数据中含有未匿名的企业名，那么我们比照帝国数据银行的企业信息，就能得到包含财务状况和负责人意向两方面内容在内的数据组了。

数据收集完毕之后，接下来，就可以分析数据和解读结果了。

22
基于分析结果思考"卖给谁"
针对市场营销的统计分析流程②

为什么不用多元回归分析和逻辑回归分析

在第 1 章和第 2 章中,我们基本上都是用多元回归分析或逻辑回归分析来思考"Outcome 好的解析单位与 Outcome 不好的解析单位间的差别在哪里"。例如,第 1 章中我们主要想找寻"收益率高的企业与收益率不高的企业间的差别",第 2 章中我们主要想找寻"生产效率高的员工与生产效率不高的员工间的差别"。

根据这一表达方法,这一章中我们应该思考的是"收益性高的细分市场与收益性不高的细分市场间的差别"。但事实上,这里我们用的却不是多元回归分析或逻辑回归,其理由主要有以下 3 点:

(1) 对于细分市场而言,我们需要考虑到多个解释变量的组合。

(2) 目标市场选择并不是以细分市场中的个人,而是以顾客群体为对象,因此必须考虑到该细分市场中的人数问题。

(3) 目标市场选择的优劣也取决于"用一个营销战略可以覆盖该细分市场的多大范围",因此细分市场内的相似性等问题也极为重要。

首先就第一点,举一个简单的例子。假设我们以年龄和性别为解释变量,以消费金额为 Outcome,进行多元回归分析时得出了表 3 – 2 所示的结果。

表3-2 不考虑"变量组合"时的分析结果示例

解释变量	回归系数	P 值
截距	3700	<0.001
女性虚拟变量	870	0.028
年龄	100	<0.001

平均而言，女性的消费金额比男性多了870日元，且年龄每长1岁，消费金额就会增加1000日元。从P值来看，这两项结果并非仅由数据波动或误差导致的。看到这里，一定有很多人会得出如下结论：高年龄段女性这一细分市场更有希望。尽管用到的分析手法各不相同，但我也的确经常看到一些经验尚浅的分析人员在报告中做出类似判断。

多元回归分析也好，逻辑回归分析也好，它们都是在"分析结果中的解释变量相互间不存在协同效应或相互作用（专业术语为'交互作用'）"这一假设的前提下，来推测解释变量与 Outcome 的相关性的。

换句话说，上述分析结果虽然显示出"性别相同的情况下，年龄越大消费金额越高""年龄相同的情况下，女性消费金额更高"，但这却并不意味着"高年龄段女性消费最多"。

我们从图3-1的数据中也能得到完全相同的多元回归分析结果。在此例中，虽然女性平均消费金额比男性高，但却未呈现年龄越大消费金额越高的趋势；而男性平均消费金额虽然比女性低，但却呈现了年龄越大消费金额越高的趋势。

在这种情况下，我们一样可以得到"性别相同的情况下，年龄越大消费金额越高"，"年龄相同的情况下，女性消费金额更高"的结论。然而，实际上消费金额最高的细分群体却是右上角的"60岁以上的男性"。

当我们假设"解释变量间不存在交互作用"，而实际上交互作用却存在时，就会出现上述情形。虽然光是"年龄大"这点与消费金额并无关联，但却存在有"男性且年龄大"的交互作用。

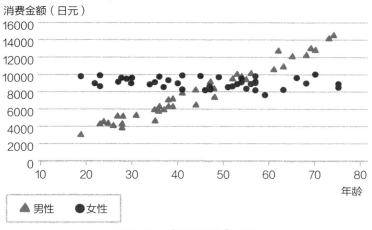

图 3-1 "变量组合"示例

当然,这并不意味着我们无法用多元回归或逻辑回归来分析交互作用,因为我们可以通过在 SAS 或 R 等数据分析工具中设置系统选项,来就特定解释变量间相互作用产生的影响进行分析。

但"理论上可行"与"实际上好不好操作"是两码事。如果我们想将 100 个解释变量间的交互作用全部都纳入考虑,那么至少得考虑 4950($=100 \times 99 \div 2$)种类型。除此之外,像"性别、年龄及居住地区"这类三种或三种以上的解释变量组合间的交互作用也可能存在,如果都予以考虑,那么交互作用的组合数目就会呈爆发式增长。就算自动变量选择可以依赖分析工具,但最终还是需要我们人工对分析结果做出解释,仅就这一项的工作量就艰巨到超乎想象了。

推荐使用"聚类分析"

当要考虑到无数种交互作用时,如果我们想知道"组合哪些解释变量条件才能最终得到 Outcome(例如消费金额)最高的群体",那么,比起多元回归或逻辑回归这类回归分析方法,更适合使用"决策树分析法"。

关于决策树分析的详细内容可参考本章末的专栏。总而言之，如图 3-2 所示，这是一种先找寻能给 Outcome 带来最大差异，且最值得信赖的解释变量条件，然后基于该条件描绘树形图，并对数据做分解的方法。

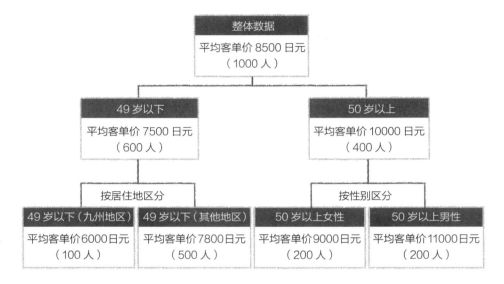

图 3-2　决策树分析示例

不过，对市场细分而言，基于上述（2）和（3），我并不太推荐使用决策树分析。

假设有一位天才营销员能针对图 3-2 中的任一群体制定出高效的营销战略。当他被要求针对 50 岁以上男性制定营销战略时，这就意味着他能够使全部的 200 人各消费 11000 日元，因此最终我们得到的销售额为 220 万日元。而当他被要求针对 49 岁以下所有人群制定营销战略时，他也可以使全部的 600 人各消费 7500 日元，因此最终我们得到的销售额为 450 万日元。当然了，针对"所有人"的战略则更好，因为这时可以拿下高达 850 万日元的销售额。

大家看明白了吗？当我们根据解释变量条件对顾客进行分类时，确实能了解到平均客单价高的，也就是"Outcome 密度高"的群体；但另一方面，越对顾客群体做细分，相应的，该群体的整体消费金额这一"总量"就一定会减小。

既然如此，为什么我们还要做市场细分呢？因为当我们将市场划分为"同一营销战略容易发挥作用"的细分市场后，就能制定出高收益性的战略，从而避免为了兜售产品而花费巨额广告费或提供无谓的折扣。所以，上例中提到的"有一位天才营销员能针对图3-2中的任一群体制定出高效的营销战略"只是一种不现实的假设而已。

最理想的细分市场是"对营销战略（包括产品特征或销路等在内）的反应相似，且有一定程度的人数和单价的顾客群"。所以，如果我们仅仅机械地套用决策树分析，那么，别说人数了，就连"对营销战略的反应是否相似"等内容都无法考虑到。

那么，到底该怎么做呢？目前我推荐大家**通过聚类分析，针对营销战略相关变量找出相似度高的簇，随后根据每个簇的具体人数和 Outcome 平均值做综合判断**。

简而言之，就是针对"如果我们想将全体分析对象划分为4个细分组，那么该怎样划分才贴切"这一问题，做出如表3-3所示的结果。

表3-3 聚类分析结果示例

因素	聚类簇1（运动员）	聚类簇2（观赛者）	聚类簇3（注重时尚）	聚类簇4（注重健康）
有观看专业体育比赛的习惯	66.0%	86.8%	25.7%	1.4%
有日常运动的习惯	44.9%	3.3%	9.4%	38.2%
学生时期有体育类社团经验	78.9%	9.1%	34.2%	26.6%
重视服饰的时尚性	36.4%	11.6%	83.2%	48.8%
重视服饰的功能性	48.2%	66.1%	10.3%	39.6%
⋮	⋮	⋮	⋮	⋮
人数	147	91	296	466
年平均消费金额	21.714日元	9.751日元	4.778日元	15.406日元

这里以第 1 章中提到的体育用品厂商为例，假设我们做聚类分析后得出了表 3-3 中的结果：这是我们根据 1000 名消费者的单源数据，对他们的运动与服饰相关意识、性别与年龄等属性以及电视与网络等媒体接触习惯进行分析后得出的结果。这些内容向我们展示了"我们是怎样对具备相似特征的集团进行划分的"。

例如，聚类簇 1 中，有日常运动习惯和学生时期有体育类社团经验的顾客占比是 4 个簇中最高的，有观看专业体育比赛习惯的顾客占比紧居其次。在营销领域中，人们经常根据聚类分析结果赋以各个聚类簇能够精准概括其特征的名字。例如，我们可以给聚类簇 1 取名为"运动员"或"注重自身参与"。

类似的，经常观看体育比赛但没有运动习惯或体育类社团经验的聚类簇 2，取名为"观赛者"。多少有些体育类社团经验，但既不太看比赛，也不太运动，不过时尚意识很高的聚类簇 3，取名为"注重时尚"。虽然基本不怎么看体育比赛，但有运动习惯的顾客占比仅次于聚类簇 1 的聚类簇 4，取名为"注重健康"。

当我们给每个聚类簇取好名字之后，应该就很容易想象出每个聚类簇的产品需求特征了。

像这样，聚类就是使用那些能给我们带来线索和启发的变量来辅助我们分析"哪种营销战略能发挥作用"，具体而言就是哪种产品、价格、销路以及推广是更为匹配的方法。当我们给所有聚类簇取好令我们自身信服的名字后，就可以开始对 Outcome 做比较了。这时，**最好不要在聚类簇中使用作为 Outcome 本身的运动服饰年平均消费金额或任何与 Outcome 具备理所当然的关联性的解释变量，如消费次数、购买产品数量以及单次消费金额等。**

接着，比较各聚类簇中顾客的 Outcome 平均值和顾客总数，用于判断并选择目标市场。可以看出，年平均消费金额最高的顾客群是有体育类社团经验、爱看比赛、自己也爱运动的"运动员";与之相比,"观赛者"和"注重时尚"的年平均消费金额明显较低。但同时,虽然平时不看比赛,但自身有运动习惯的"注重健康"的顾客群不仅人数众多,年平均消费金额也相当高。

除了顾客总数和人均消费金额以外,我们最好同时兼顾到分析结果与自家公司优劣势的匹配度问题、与其他公司的竞争激烈程度问题以及细分市场内的需求多样性问题等。

例如,有些企业手握与众多著名体育选手和联队的合同,因此观赛者占比很高的"运动员"簇对他们而言更为有利,而对"注重健康"簇而言却并非如此。不过,耐克或阿迪达斯等业界巨头已针对"运动员"簇做了巨额广告投资,而或许还没有公司在"注重健康"簇上投入太多成本,所以我们最好将这点也纳入考虑。

更进一步来说,在同一细分市场中,如果顾客的时尚偏好或运动种类各不相同,导致我们必须用到多样化的产品和宣传方式,那么这类营销战略的效率就略显低下了。这种情况下,我们可以尝试选择其他细分市场或对现有细分市场再进一步细分,这样才可能取得更好的效果。

聚类分析是为了挖掘到好的细分市场

但是,聚类分析并没有绝对正确的答案。

当我们将整体数据"划分为4个细分市场"时得出的是上文的分析结果,但到底应该将整体数据划分为3个、5个还是100个?这全凭分析者自由决定。这个行业是仅凭单个产品品牌就可以拿下几成份额,还是即便手头拥有数十上百个成功的产品品牌,也只占了市场整体份额的几个百分点?根据具体行业不同,聚类簇的数目标准应该也会不同。

统计学中确实存在相关指标用来判断聚类成功与否,但我们在决定聚类簇的数目时，与其生搬硬套此类指标，还不如思考一下各聚类簇的特征是否与现实吻合，这样才更有意义。

除了聚类簇的数目以外，我们还可以尝试将部分变量从分析中剔除或者尝试"是否考虑变量的波动性或相关性"等聚类分析的其他各类选项，以求最终挖掘到好的细分市场。这就是数据分析人员的任务所在。至于我们能否从同一聚类分析结果中勾勒出"非这个群体莫属"的概念，那就是考验我们对业务以及顾客的理解度的时候了。

挖掘到好的细分市场，其意义十分重大。前文中提到的 QB HOUSE 之所以成功，我们也可以理解为那是因为它发现客单价虽低但竞争少且受众多的"不想在理发上费时费钱的细分市场"才是最有希望的市场。

在此，我也衷心希望大家能走出性别、年龄这类不痛不痒的传统细分套路，重新发掘出值得期待的新市场。

23
准备数据，思考"卖什么？"
针对市场营销的统计分析流程③

市场定位 = 卖什么？

当我们明确了顾客细分之后，接下来就该思考向他们"卖什么"，也就是市场定位了。

不具备统计学视角的传统市场营销并不从这个角度做分析，而是想当然地认为"只要品牌认知度提高了就能卖得更好"或"只要提高了产品的品牌形象就能卖得更好"，然后便一味投入广告宣传费来提高品牌认知度或品牌形象。但如果大部分顾客都觉得"这个产品我虽然知道但并不想买"或"对产品印象确实很好，但却没机会去实际购买"，那么不管我们再怎样努力去提高品牌认知度或品牌形象，都无法提高销量。

但如果我们发现某个解释变量与 Outcome（如消费者比例或平均消费金额等）间存在很强的因果关系，那么我们或许就可以通过调控这一解释变量来提高销售额。

假设在为数众多的品牌形象当中，产品的亲切感比高级感或高品质感更能影响消费者的购买意愿时，我们该采取什么行动呢？（如图 3-3 所示）

我们再以市场细分环节提到的体育用品为例进行思考。所有 20 多岁的年轻女性——这一分类相当粗糙，且顾客间意识相互混杂、相互抵消，最终可能导致我们无法判断到底哪种产品形象与销售额有关。但如果我们对市场做进一步细分后发现了某个以前未注意到的细分市场，在这个细分市场中"品牌形象的亲切感很大程度上左右了消费者的购买意愿"。这时，什么样的营销战略会发挥作用呢？

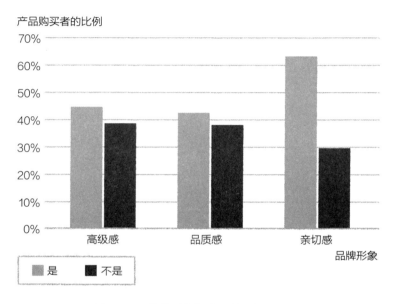

图 3-3 品牌形象与购买意愿间的关系

例如，我们可以将"对你而言，最友善的运动服饰"作为市场定位。在实施该市场定位时，我们可以对产品及营销的各方面细节做调整，比如将产品设计得更方便使用、更容易收纳、广告设计上不再堆砌冗长的产品功能描述类文字，或不再启用时尚模特为广告代言人等。取而代之，我们可以重视那些消费者更容易接触到的销路，以便他们在想购买产品时能轻松买到，比如便利的电商平台或上下班路上也能消费的地铁站内商铺等。诸如这样，我们可以找到很多相关要素，并通过增删这些要素来提高企业收益性。

第 3 章
用于市场营销的统计学

结合质性调查和量化调查找到好的市场定位

不过，正如我在市场细分部分所提到的，如果我们仅仅通过分析广告代理商、调研公司、业绩团体或智库的数据就能找到那些给 Outcome 带来重大影响的解释变量，那自然是最好不过了。但如果我们做的调查项目只是靠研究员的"经验和直觉"凭空想象出来的，那可能就无法挖掘到新颖优秀的市场定位了。

这时，我们该怎么办呢？在本书中回答这一问题让我觉得非常诚惶诚恐。不过，我给出的答案是首先做**质性调查**，也就是做访谈或行为观察。相对应的，我们为做数据统计分析而进行的收集数据大小等"量"的行为被称为**量化调查**。这两种调查研究方法是帮助我们理解人类和人类社会的双轮。

基本上来说，收集可用于统计分析的数据时，我们使用的调查形式都是要么让顾客回答是或否，要么针对某一提问让顾客从"非常符合"或"不太符合"等有限的选项中选择较为贴切的一项。这类提问形式因为限制了回答的可能性，所以在专业术语中被称为**封闭式问题**。事实上，只有极少数人能单单靠自己独立思考或在会议室开会讨论就能制作出具备分析价值的调查问题，拥有这类敏锐直觉的人实在少之又少。因为所谓具备分析价值的调查问题，指的是那些想前人之未想或者干脆完全颠覆前人之想法的内容。而我们普通人想到的大多数内容，分析后都只能得到一些理所当然的结果而已。

但即使平庸如我们，也可以通过**开放式问题**来与顾客进行语言交流、观察他们，借助这种方法来了解那些与自己立场、境遇皆不相同的顾客。英文中的 5W1H（Who、What、Why、When、Where、How）式问题就属于这类开放式问题。这类问题的答案并不是"是"或"否"之类的单纯选项，而是根据回答者不同而千变万化，因此我们常常能收获一些完全在我们意料之外的好点子。

当产品（或服务）的制造方（或提供方）与实际用户的属性和心理间存在巨大差异时，这种做法就显得尤为重要。例如，做家电产品企划设计的一般都是些不做家务的中年男性，假设他们正准备研发一款面向年轻单身女性的家电。无论产品制造方再怎么根据自身经验，费尽心思地想去改良洗衣机洗净力或吸尘器吸力等的机械规格，可实际上，能让单身女性们感受到产品价值的或许只是与家装内饰更搭的产品配色。所以，为填补这两者间的鸿沟，最好的方法就是面向顾客做合适的质性调查和量化调查。

"truth 广告战役"——完美验证了营销的力量

实际上，在我原本的专业领域——健康政策领域，将质性调查与量化调查相结合的营销思路也逐渐受到了人们的重视。

很多现代人都被肺癌、心梗、脑梗等生活习惯病夺走了生命，但其实我们只要养成不吸烟或多吃蔬菜等良好的生活习惯，就能在某种程度上预防这类疾病。然而，无论我们再怎么去宣传这些知识，人们的行为都不会因此改变，这也导致我们在预防生活习惯病方面很难取得进展。于是，菲利普·科特勒便提倡将市场细分、4P 等营销理念用在生活习惯病的预防方面，这样或许可以帮助人们改善他们的行为。对于这类解决方案，我们取"为普及良好社会行为的营销"之意，将其命名为社会营销（Social Marketing）。和统计学一样，这也是我曾经的专业领域。

例如，"truth 广告战役"便是至今为止获得空前成功的社会营销广告战役之一。1999 年，美国有 25.3% 的青少年都吸烟，但实施"truth 广告战役"之后的 2002 年，这一数字降到了 18.0%。也就是说，美国的烟草公司因此损失了三成以上的青少年市场总销售额。

负责实施"truth 广告战役"的团体虽然是公共组织，但相对来说广告预算较为充足。不过即使预算充足，他们也深谙仅靠大肆宣传"烟草有害健康"这类健康知识只会收效甚微，于是他们为此彻底做了一番质性调查和量化调查，并找到了能对吸烟和不吸烟的年轻人间的差异做出说明的解释变量，这就是"对大人的逆反心理强不强"。

这也很好地解释了为什么至今为止我们所宣传的"正确知识"往往效果不佳。因为，青少年们对大人的逆反心理越强，就越要吸烟。这种情况下，如果再从大人的伦理道德出发宣传"吸烟有害健康"，只会更加滋生他们的反抗心理。

于是，这家公共组织采取了"用禁烟来反抗大人"的市场定位策略（如图 3–4 所示）。

©Truth Initiative　　https://www.youtube.com/watch?v=eshSlxe9qd0

图 3–4　"truth 广告战役"制作的广告短片之一

例如，其中一条他们制作的短片用到了烟草公司经常使用的"酷牛仔"主题，嘲笑吸烟人士们常挂在嘴边的借口——"吸根烟而已，又不会都死光光"。短片将牛仔们描绘成与都市生活格格不入的乡巴佬，这些牛仔们用人造声带的声音唱着滑稽的旋律，"吸根烟而已，又不会都死光光喽。只是得上口腔癌、咽喉癌，切除舌头而已呀"。主办方制作了一系列这类短片，并将它们投放在电视或 SNS 上。

最终成效如上所述。所以，我们只要能找到好的市场定位并予以实现，就能收获巨大成功。对企业也好，对公共组织也好，这一点都是不变的。

不过就算是这样，如果公司突然间要求大家用开放式问题做质性调查，想必很多读者都会感到迷茫。如果要详解这类方法论，至少得用上一整本书才够，所以各位读者如果有兴趣，不妨参考其他相关专业书籍来深入学习。

如果你经验相对比较匮乏，但又想做一些有意义的质性调查，那么我建议你最好以某种行为科学理论为基础。就我个人而言，我最推荐的是统合行为理论。这一理论很少出现在营销类教科书上。简而言之，这是在营销预算有限的健康政策领域中被研发出来的"花小钱办大事"的理论。

24
应用了统合行为理论的质性调查
针对市场营销的统计分析流程④

涵盖了大部分学问成果的统合行为理论

我们接着聊聊该怎样准备数据来决定"卖什么"。首先,为了使质性调查更有意义,让我们来深入了解一下统合行为理论。

统合行为理论是以心理学家菲什宾(Fishbein)为首的学者们在20世纪90年代至21世纪初提出的一种理论,主要是为了理解人类的行为受哪些因素影响。这一理论从被提出至今一直处在不断完善的过程中。

在此之前,为研究"人类的行为受哪些因素影响",研究人员们提出了各式各样的理论。将这些理论整理统合后,我们便得到了图3-5所示的模型。购买商品当然也是一种人类行为,因此根据这一理论,我们便可以在某种程度上对影响消费者购买的解释变量有一个整体的把握。

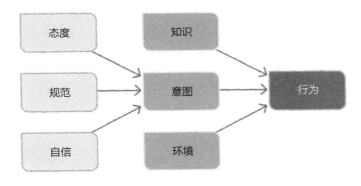

图3-5 统合行为模型

如图 3-5 所示，首先，人类产生"想采取某一行为"这一意图的背后有三个影响因素："态度"、"规范"、"自信"（本书中译为"自信"，专业术语中常称之为"控制感"）。接着，即使对某一行为拥有同等程度的意图，而实际行动与否还进一步受当事人的知识、能力以及环境等影响。因此，这些因素也被称为**行为控制因素**。

其中，"知识"和"环境"在营销中就意味着"（品牌）认知度"和"（品牌）接触"，关于这类因素的营销调查已经非常普遍了。因此，这里我仅对其他几种因素做一下详细说明。

"态度"指的是回答者自身如何评价某一行为。是觉得"很帅"，还是感到"值得信赖"，或者相反，觉得"过时了"。也就是说，当顾客用各种表达方式来评价购买、使用产品的行为或该产品本身时，我们就试图找寻到底哪种评价与"是否实际购买产品"这一行动相关联。

对于"态度"这一因素，很多企业或许都已以"商品满意度"或"品牌形象"之名做过调查了。因此，容易被人们忽视的反而是接下来的"**规范**"。

"规范"指的是自己周围的人们是否"实际已经采取某一行为了"，或自己是否"认为他们应该采取某一行为"。父母兄弟、恋人夫妻、朋友同事等各种关系中，哪种人拥有这种"规范"，而自己更容易受哪种关系中人们的"规范"所影响？

说不定某人是否购买某一商品，仅仅是因为身边某人经常用，于是自己也自然而然地用起来了。当我们对"规范"做质性调查时曾经发现，"尊敬的人""视为对手的人"这类特殊关系，比"朋友"或"父母"这类通常关系带来的影响更为深远。

在调查中，比"规范"更容易被忽视的是"**自信**"。你也可以将其定义为是否存在心理上的门槛。自身觉得商品挺好，身边的人也经常用该商品，但到了真准备买的时候，要么店比较远，过去不方便，要么价格体系复杂难懂，又或者产品型号太多，懒得去查哪个比较好。这些都是心理上的门槛。只要弄清楚顾客的"自信"因素，也就是"在哪种情况下，想买的时候就能果断去买"，我们就能够在产品系列、销路以及广告战略等方面找到相应的解决方案。

如果我们用其他词汇来代替统合行为理论中的行为控制因素，那么"态度"就是将经济学家口中的"收益"或"成本"以不同价值观具体实现的结果；社会学家经常对个人与社区或社会间的相互作用进行考察，这也就是统合行为理论中的"规范"；心理学家研究的自控力或自我效能感，以及教育学家感兴趣的知识和能力都包含在这一理论当中；政治学家关心的"权力的源头"既可以解释为"态度"，即"哪种奖惩制度会受到欢迎，而哪种会被讨厌"，也可以解释为"规范"，即"正当性是受谁认可的"。

也就是说，只要我们最低限度地掌握了统合行为理论，那么就能有效地运用各种与人类行为相关的学术成果。这对懒惰的我们而言，真可谓是一个非常便利的工具了。

提问项目和调查问卷的具体制作方法

当我们根据统合行为理论实际制作质性调查的开放式问题时，最低限度上只要包含下述内容就足够了。

态度：(对于产品本身，对于使用或购买该产品)
　　　作何感受？印象如何？
规范：谁实际使用或购买该产品？
　　　认为身边哪些人应该使用或购买该产品？
　　　相反，认为身边那些人不应该使用或购买该产品？
　　　请用一句话概括这个人和你的关系。
自信：在哪种情况下，你会使用或购买该产品？
　　　相反，那种情况会导致你无法使用或购买该产品？

为了使回答更为具体,我们还应该不断重复通过开放式问题进行提问,如"为什么""换个词该如何表达""请举一个具体的例子吧"。也就是说,我们作为提问方,尽量不要对回答者的意图轻易妄下定论,而应该尽力帮助他们将"意识"用语言表达出来。

当然,真正意义上的质性调查是一项需要专业知识与丰富经验的工作,但我们只要对上述内容有最低限度的意识,应该就能收获很多新发现,而这些新发现是以前那类敷衍了事的调查完全无法提供的。

要想将质性调查做到极致是非常困难的,但做得不好也比不做强得多。而且质性调查不像量化调查,它不需要几百人作答。在做质性调查时,我们只要听取少则几位、多则十几位目标细分市场的顾客意见,就经常能收获重大发现。

质性调查结束后,为了给下一步的量化调查做铺垫,我们需要将调查结果转变成如表3-4所示的具体调查问卷。调查问卷除了要包含质性调查中得知的行为控制因素之外,还应该包含 Outcome 相关内容、可以识别目标顾客细分的变量以及一般调查中用到的性别和年龄等属性。

表3-4 调查问卷示例(摘录)

【问题1】你是否做散步、慢跑、机械训练或特定体育项目等运动? 从下列描述中选取最符合的一项并标上"○"。 1. 现在不运动,也不考虑接下来运动 2. 现在不运动,但接下来想运动 3. 现在做运动,但1个月1次不到 4. 1个月运动1~3次 5. (几乎)每周运动1~3次
【问题2】为做上述运动,你在过去一年为自己购买过几次运动所需器具、服装、鞋子等。 次数 (　　)次
【问题3】为购买上述器具、服装、鞋子等产品,你在过去一年花费了多少费用? 金额 (　　)日元

(续)

【问题4】请告诉我们你对运动的看法。请针对下述问题，选取最符合你看法的一项并标上"○"。

	赞同	有点赞同	不太赞同	不赞同
我喜欢运动	1	2	3	4
运动后感到神清气爽	1	2	3	4
擅长运动	1	2	3	4
运动使我快乐	1	2	3	4
运动的人看上去很帅	1	2	3	4
花钱买运动所需器具或服装太浪费	1	2	3	4
运动有益于美容	1	2	3	4
运动有益于健康	1	2	3	4
运动会让体型变紧致	1	2	3	4
出门运动或为运动做准备太麻烦	1	2	3	4
运动时出一身汗让我感到不舒服	1	2	3	4
觉得经常运动的人工作上也很能干	1	2	3	4

【问题5】下列你周围的人中，你认为哪些"应该定期运动"，请选取所有符合的人并标上"○"。
    1. 父母
    2. 兄弟
    3. 配偶
    4. 恋人
    5. 朋友
    6. 周围没有这样的人

【问题6】下列你周围的人中，有哪些人现在定期运动？请选取所有符合的人并标上"○"。
    1. 父母
    2. 兄弟
    3. 配偶
    4. 恋人
    5. 朋友
    6. 周围没有这样的人

(续)

【问题7】	在下列状况中，你也能有自信继续运动吗？请选取所有符合的状况并标上"○"。 1. 即使下雨天也有自信继续运动 2. 即使天气不好时也有自信继续运动 3. 即使感到疲劳时也有自信继续运动 4. 即使忙到没时间时也有自信继续运动 5. 即使家周围没有公园或健身房时也有自信继续运动 6. 即使身边没有能一起享受运动快乐的人时也有自信继续运动 7. 有自信在早上上学或上班前运动 8. 有自信在中午的学习或工作间隙时运动 9. 有自信在晚上放学或下班后运动 10. 没有符合的选项
【问题8】	您的性别是？ 1. 男　　　　　　　　2. 女
【问题9】	您的年龄是？ 年龄　（　　　）岁

另外，如果行有余力，最好同时调查一下如下内容：顾客一天当中各时间段常用的信息媒体、常消费的产品（分析对象）价格区间以及常去的购物场所等。这样在考虑具体的 4P 时，我们就可以直接沿用这些数据。不过，我在后文中也将提到，我们往往需要在找到合适的市场定位之后再做追加调查，因此上述项目只在"有余力时"做即可。

接着，将所有内容整理成至多 10 页、最好 6~8 页 A4 纸的调查问卷。如果质性调查中的回答方式相当多样化，此时我们就需要整合相似内容。例如，如果回答包含"觉得很帅气""觉得很有型"等内容，在问卷题目数量不多的情况下确实可以拆分成两项，但如果问卷题目数量很多，那么我们只用"觉得很帅气"这一个就足够了。

我在制作调查问卷时经常会设置 4 个或 6 个，诸如"十分符合""很符合"等选项供回答者选择。这种做法并非源自哪个统计学理论，而是因为我在学生时期做社会调查实习时，导师给过我这样的意见：当提供"一般"或"不好说"之类的中性选项时，回答往往就会集中在这些上，所以最好不要设计这类选项。

调查问卷制作完成后，我们就可以委托调研公司实施网络调查或安排调查人员做传统纸质调查，通过各类方式让目标顾客实际作答。定量调查的调研样本数量视调研所需精度而定，基本上1000人左右就足够了。如果比较困难，那么至少也要400~600人，这算是最低标准了。

B2B商务方面，调研公司手头面板数据所包含的特定业界或特定职种的回答者也许并不多。这时，我们可以根据业界团体、专业化智库、朋友或自家公司手头的潜在客户名单找出十几人，当然最好有100~200人作答。

收集完上述数据后，我们就可以开始分析了。通过分析，我们可以了解"到底什么才是决定顾客买或不买贵公司所售产品的重要因素"。了解了这些，我们在制定高收益市场定位以及相应营销战略时就会受到很大启发。

25
分析与解释数据，思考"卖什么"
针对市场营销的统计分析流程⑤

通过分析我们可以了解什么

通过质性调查获得有关调查项目的灵感，然后将其整理成调查问卷来做量化调查。这一连串工作结束后，我们就可以开始正式分析了。

前文中我也曾多次提到，营销领域的 Outcome 一般设置为"购买行为的有无"或"消费金额"，前者是指顾客是否购买了我们想销售的产品，后者则是指顾客一年当中购买了多少金额的产品。"想销售的产品"既可以是具体某种产品，也可以是特定品牌下的一系列产品，甚至可以是包含自家公司产品和其他公司竞品在内的某一产品领域，或者是跨行业竞争的商品群。而解析单位基本上都是顾客。

通过分析"顾客是否购买了自家公司某产品或某品牌"，我们可以找到很多需要改善的地方。例如，我们可以对现有产品进行改善、对产品价格进行调整，或者对销路、推广等相关营销策略做出改变等。同样，通过分析"其他公司的热卖产品或热卖品牌"，我们可以了解到，通过哪类销路和怎样的推广方式，销售具备哪类功能、设计或价格的产品，才能从对方手中抢夺到市场份额。

对竞争公司的爆款产品做简单模仿，随后匆匆投放市场，到头来却完全卖不动，这类情况在商业世界中太常见了。究竟竞品提供的哪种价值被哪类顾客认可和接受了——只要我们对这一点仔细分析，就能避免上述情形出现。

再进一步，如果我们将自家公司与其他公司间处于竞争关系的商品群纳入分析对象，找到经常购买产品的顾客与不购买产品的顾客间的差异，那么我们就可能挖掘到全新的顾客需求，而这些需求正是通过我们以往产品无法满足的。由此，我们便可以重新规划出一整套从产品研发到产品销售的全新营销战略。也就是说，正如我在第 1 章中所提到的，大家应该参考蓝海战略的思考方式，将分析范围扩展至更为广泛的其他行业。

这次用的是多元回归分析或逻辑回归分析

和市场细分不同的是，**我们在思考市场定位时用到的分析方法，以第 1 章和第 2 章中用过的多元回归分析或逻辑回归分析等方法为主**。如果 Outcome 是消费金额等以数值表示的内容，那么我们使用多元回归分析；如果 Outcome 是"是否购买"等表示不同状态的内容，那么我们使用逻辑回归分析。

通过这些分析方法找出细分市场中经常购买该产品的顾客与不购买该产品的顾客间的差异，我们就能找到合适的产品定位。

首先，和第 1 章、第 2 章一样，我们需要对大量的备选解释变量做变量选择，其中包括通过调查收集到的性别和年龄等个人属性，以及态度、规范、自信等行为控制因素相关的变量。

行为控制因素方面，我们可以将 4 个或 6 个级别的选项以 1 ~ 4 分或 1 ~ 6 分的数值形式替换成解释变量，或者视情况使用表达不同状态的解释变量，例如是否"太符合了"，或者是否"完全不符合"。另外，我们还可以使用代表"此题无答案"状态的解释变量。当然，如果我们经过机器变量选择后发现最终得到的解释变量很难用于营销战略，那么也可以将其剔除后再另做分析。这个过程和第 1 章、第 2 章都一样。

那么，现在假设我们通过上述分析流程得到了表3-5所示的结果。

表3-5 目标市场中体育用品购买者与非购买者间的区别

解释变量	优势比（OR值）	95%置信区间	P值
男性	1.07	1.00~1.14	0.049
20多岁	1.29	1.07~1.55	0.007
60岁以上	1.11	1.01~1.22	0.030
住在南关东地区	1.18	1.02~1.36	0.025
态度：花钱买运动所需器具或服装太浪费	0.70	0.57~0.85	<0.001
态度：出门运动或为运动做准备太麻烦	0.74	0.63~0.87	<0.001
规范：认为恋人应该规律运动	1.16	1.02~1.32	0.028
规范：认为配偶应该规律运动	1.15	1.02~1.30	0.023
自信：即使忙到没时间时也有自信继续运动	1.40	1.17~1.67	<0.001
自信：即使天气不好时也有自信继续运动	2.49	1.57~3.94	<0.001

假设我们针对表3-3中"注重健康"这一细分市场中的20~70岁男女进行分析后得出了上述结果，而此时的Outcome为"过去一年内是否购买过总金额超过1万日元的运动用品（服装、鞋子、器具等）"。

就像我之前解释过的，优势比大于1代表了"（在其他解释变量条件不变的情况下）符合此条件时，该解释变量的数值越高，购买的可能性就越高"。相反，优势比小于1代表了"（在其他解释变量条件不变的情况下）符合此条件时，该解释变量的数值越高，购买的可能性就越低"。另外，表中P值均小于0.05，由此可以判定：我们很难认为该分析结果是"仅由单纯数据波动导致的"。

首先，让我们从表3-5的上部开始看起。就顾客属性而言，男性顾客比女性顾客、20多岁的顾客和60岁以上的顾客比其他年龄段（即30多岁至50多岁）的顾客、住在南关东地区的顾客比住在其他地区的顾客，购买运动用品的可能性更高。

不过，我们无法仅仅根据上述结果就轻易下定论——"在该细分市场中，住在南关东地区的 20 多岁的男性顾客是最为恰当的顾客细分群体"，具体原因我在前文业已提及。不过，我们仍旧需要首先考虑性别、年龄、居住地区等影响因素，随后再思考行为控制因素对运动用品购买行为的影响。

态度因素中的"花钱买运动所需器具或服装太浪费""出门运动或为运动做准备太麻烦"等想法与运动用品的购买行为密切相关。但究竟是"觉得很麻烦和很浪费，所以没买"，还是"为了使自己的购买行为正当化，所以故意不去在意麻不麻烦和浪不浪费"呢？这其中的因果关系目前我们是无法得知的。

又或许有某些第三方因素在调查设计阶段未被纳入考虑。例如，天生精力充沛的人可能不仅仅是对体育用品，对其他物品的消费行为也会较多，而且比一般人更少感到浪费或麻烦。这种可能性无疑是存在的。

不过，如果就此放弃思考，或以"慎重讨论"之名将分析结果束之高阁，那就太可惜了。大家应该根据已学过的精益创业理念，基于手头得到的假设迅速制作出"最小可行性产品"，然后投放测试营销，这样做才更有建设性意义。

除此以外，是否认为恋人或配偶"应该规律运动"的规范因素也与运动用品的购买行为有关。同时，那些有足够自信，认为再忙或天气再差自己都能坚持运动的人，往往倾向于经常购买运动用品。

相反，调查问卷中的"有益于美容""有益于健康""体型变紧致""父母有运动习惯"以及"兄弟姐妹有运动习惯"等行为控制因素，至少在目前而言，与运动用品的购买行为并没有什么关联。

思考市场定位时的两大方法

当我们根据分析结果思考市场定位时,一般有两种思考方式。第一种是考虑"有没有一种营销战略能给顾客带来心理上的变化,从而最终提高 Outcome";第二种是考虑"有没有一种营销战略能使那些 Outcome 低的顾客反过来主动接受我们的产品"。

请大家回想一下前文中我们提到的"truth 广告战役",当时人们得到的分析结果是"对大人抱有强烈逆反心理的青少年更容易吸烟"。因此,按照前一种思考方式,我们制定出的战略是"降低青少年的逆反心理";而按照后一种思考方式,则是"让逆反心理强的青少年反而不愿吸烟"。

与之相同,在购买运动服饰时,如果那些越感到浪费的人越不具备购买倾向,那么制定战略的方式便大致有二:"让顾客不感到浪费"或"让感到浪费的顾客也主动想买"。

不过,我在前文中曾提到过,就市场细分而言,由于受到交互作用的影响,"将所有重要的解释变量组合在一起,得到的未必就一定是最优秀的细分市场"。但市场定位却并不一样,如果这个市场定位可以用一句话简单概括,而且它可以让所有解释变量都能带来更多的 Outcome,那么这个市场定位就是一项相当优秀的战略。

我们或许可以将这两者间的差异解释为:**市场细分是一种"选择"行为,而市场定位是一种"满足"行为**。当我们"选择"具备某一特征的市场时,就势必要"不选择"不具备这一特征的市场。而想要同时"满足"多个特征,这却并非不可能。

但如果我们为了同时满足多个因素,而使得市场定位变得费解难懂到无法用一句话来表达,那就本末倒置了。**这时我们应该先选出最为核心的行为控制因素,然后再思考有没有哪个因素是能简单满足的**。

例如，当我们以优势比为标准进行选择时，关联性最强的行为控制因素是"即使天气不好时也有自信继续运动（优势比为2.49）"。如果存在同等程度的"负相关性"，那么其优势比就应该是2.49的倒数，也就是0.4左右。而实际上，我们看到分析结果中并没有哪个行为控制因素有如此高的负相关性。

所以，有没有可能让顾客觉得"即使天气不好时也可以运动"，或"虽然不至于那样觉得，但天气不好时确实还是会继续运动"呢？当然了，针对这方面需求，我们既可以考虑使用防水面料制作运动服，穿上这类运动服即使下点小雨也完全不碍事，也可以思考一些能在室内运动的方法。强势推广这类产品当然也不失为一种战略，但那些"天气不好时就不想运动"的人，大部分或许压根就不会想到要穿上防水运动服在室外或在室内运动吧。这样一想，上面的战略或许就有些不太有用了。

也就是说，优势比也好，回归系数和P值也罢，当我们在做战略思考时，它们确实可以提供部分线索，但终究无法告诉我们"实现这些变化的可能性究竟有多大"。它们展示给我们的只是"实现这些变化后能给我们带来多大的影响"。

让我们接着来看优势比。下一个候选变量是觉得购买用品或做准备工作"很浪费"或"很麻烦"的态度因素，以及"即使很忙也会运动"的自信因素，这些我们又该怎样解读呢？

例如，对于那些工作繁忙的商务人士，我们可以想办法让他们养成"上下班路上多走一段路（一站路）"的运动习惯。那么，我们就假设市场定位是"专攻这一运动习惯的运动服饰"吧。

为了将上下班时间转换成运动时间，我们需要产品具备减少让人感觉不适的温度、汗液和足部疼痛的功能。这项功能不仅有利于运动，也有利于日常工作和生活。例如，当我们挤满员电车或四处跑销售时，这项功能就能派上大用场了。这样一来，这款产品就不是"只为运动所买或所准备"的了，顾客也就不会有心理负担和觉得浪费或麻烦了，而且繁忙时也能兼顾到运动了。所以，如果产品的定位得当，我们是可以同时满足全部3个行为控制因素的。

为了实现这一市场定位，我们接下来要做的就是费尽心思、苦心研发，以期在遵循商务礼仪的同时，将那些不方便我们做运动的皮鞋、西装、衬衫之类的商务装改造为更轻、更耐热或耐寒、更防水防汗的服饰。

例如，高尔夫服装中有一种使用了最新化学纤维的Polo衫，就拥有显著的吸汗性和速干性。不过在日常商务世界，即使是在清凉商务○期间，直接穿着高尔夫服装上班还是不太合适的，毕竟它的设计和氛围与我们的工作场所太格格不入了。因此，如果我们成功解决了这类问题，研发出了"商务场合也能穿着的运动服"，或反过来"可以穿着运动的商务装"，结果会如何呢？我觉得，作为一项优秀的蓝海战略，这或许能超越传统运动服饰领域，在更为广阔的服装领域中取得重大成功。

○ 清凉商务，cool biz，又称cool business，是日本环境省于2005年开始推行的一项夏季节能活动。在活动期间，商务人士可以不用穿戴正式的西装和领带，而改穿清凉便装上班，同时办公场所的空调温度也被要求调至最低28摄氏度，以最终达到节能和减少温室气体排放的目的。——译者注

26
分析并思考"4P"
针对市场营销的统计分析流程⑥

了解细分市场的顾客

分析完"卖什么",我们终于看到梦想已初具雏形。但就目前阶段而言,这充其量不过算是个不错的点子而已。至于究竟能否成功,就要看我们对4P的具体分析结果了。

分析和思考"4P"本身并不难,只是比较费工夫而已。我们需要利用在市场细分环节用到的单源数据或自行收集来的数据,**对细分市场购买者的各种特质进行汇总**。

和以往不同的是,在这个阶段,"购买者与非购买者间的差异"并不重要。对上述两者做汇总分析虽然也有一定意义,但这一阶段我们需要了解的是目标购买群体中究竟**"哪种人最多"**,由此我们便能够判断所构思的4P是否合情理、是否需要再做微调。

例如,前文中提到的"商务场合也能穿着的运动服"这一产品概念到底能否奏效,其实也受细分市场顾客的职业和居住地区影响。如果细分市场的顾客中,有很多人可以不用穿西装上班,又或者有很多人居住的地区主要靠开车上班,那么这时我们或许就不得不舍弃原来的想法,重新调整产品规划了。

除此之外,在我们对产品、价格区间、应重视的销路以及推广媒体这4个P做具体规划时,细分市场顾客群体(购买者)的汇总结果也能派上用场。假设我们得到的结果如图3-6所示。调查对象是所有目标细分市场中我们认为有可能实际购买本公司产品的顾客。

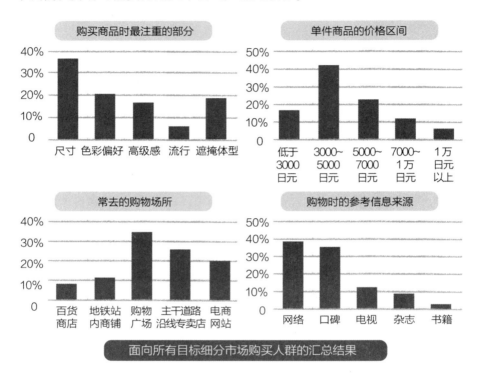

图3-6 4P相关汇总结果示例

结果显示，在购买包括运动服饰在内的衣服时，他们最重视的是尺寸是否合适，紧接着是色彩偏好以及能否有效遮掩体型。因此，我们只要参考这类信息，生产出能尽量满足顾客需求的产品，就会受到欢迎。

我们在设计产品细节时也可以参考各类数据。该细分市场的顾客到底观看的是哪种体育运动，从中获得了怎样的体验？他们自身现在正在做（或将来想做）哪些运动？当我们设计一件Polo衫时，需要考虑到商品是面向网球粉还是面向橄榄球粉。受众不同，喜好的设计或功能也大相径庭。另外，当色彩偏好也很关键时，我们还得同时细致把握顾客对颜色的偏好。除此之外，顾客们在休息日时，除了运动还喜欢其他哪种娱乐消遣方式？这些信息在我们做产品企划时都可以用作参考。

与思考市场定位和产品企划相比，当我们规划剩下的 3 个 P 时，需要做更为具体也更为聚焦的汇总工作。一起来看看图 3-6 中有关价格区间的部分，该细分市场购买者群体中，所支付单品的价格区间主要在 3000～5000 日元，其次是 5000～7000 日元。也就是说，如果我们以 3000～5000 日元的价格区间销售商品，那么很可能细分市场中 40% 以上的顾客会考虑购买；而如果我们的商品价格超过了 5000 日元，那就要么需要增加商品的附加价值，要么需要做好目标客户群体缩小的心理准备。像这样，当我们对商品价格、相应功能、材料以及生产批量等成本因素进行讨论时，这些信息都可以用作参考。

在顾客常去的购物场所中，购物广场占比最高，其次是主干道路沿线专卖店以及电商网站。与之相比，地铁站内商铺和百货商店的优先度就低很多。这时，我们当然就需要重视那些相对而言顾客更常去的购物场所。

在购物时的参考信息来源中，网络占比最高，其次是朋友或熟人间的口口相传，而电视、杂事和书籍等的影响力相对较低。这种情况下，我们在做商品推广时，与其将广告经费投放在电视或杂志上，不如用心思考怎样妥善地运用网络广告，以及怎样在 SNS 中建立起产品口碑。

一般而言，我们"最好重视汇总结果中的多数派回答"，这确实没错。但这并不意味着只要参考这些结果对 3 个 P 做决策就可以了，我们还需要考虑到自家公司优势以及现实制约等各类其他因素。

例如，或许已经有很多企业加入 3000～5000 日元这一价格区间的竞争了，等我们想到用素材或设计等公司自身技术优势去实现差异化竞争时，却无奈地发现这一价格区间已经几乎无利可赚了。这时我们就需要做好"失去该价格区间全部目标受众人群"的心理准备，重新制定战略，这也不失为一个正确的选择。于销路、推广媒体而言也都一样。

正如我在本章开头所提到的，营销分析是一种"螺旋式进程"。很多时候，我们费劲走到这一步，自我感觉也非常良好，但进入4P具体规划阶段时才发现，要么太难实现，要么与自家企业优势不匹配。

中途舍弃自己的分析结果的确是一件令人备感惋惜的事。不过，希望大家借此契机意识到，出现这种情况的根本原因在于我们在营销规划的最初阶段没能真正理解细分市场与自家公司优势的匹配问题。但不管怎样，比起糊里糊涂闷头做研发，上市后却惨遭滑铁卢而言，早一步认清现实状况反而更有意义。

通过试制品或宣传单做测试营销

所幸的是，当我们规划好具体的4P以后，就可以制作试制品并投放测试营销，以此来检测产品能否成功。如果商品的设计或制造成本较高，我们也可以只制作一些印有虚拟产品图片的宣传单。

接着，我们可以委托调研公司调研目标市场的顾客，也可以直接召集顾客和相关人士，请他们协助调研。我们可以将他们随机对半分成两组，向其中一组展示根据分析结果制作的"4P相关传单"，向另一组展示"现有的公司产品传单"，然后询问他们是否想购买传单中的商品，并以此为Outcome对两组情况进行对比。如果两组间的差异并不是误差或数据波动导致的，同时也具备足够的商业优势，那么恭喜你，发现了一项具有希望的营销战略。当然，我们也可以进一步对调研对象进行访谈，询问他们觉得哪里好、哪里不足。这些访谈结果有时能透露给我们一些以往从未注意到的细节问题或市场定位缺陷问题。

通过这样彻底细致的分析和思考，相信大家的公司一定能挖掘到某些全新的市场，制定出极具创新性的营销战略。

27
本章总结

在此让我对本章内容做一下总结。

在第1章中，我重点分析了企业应"在哪个市场展开竞争"这一外部环境，这也是经营战略的关键要素，同时我还对公司内部的核心能力和经营资源等优势进行了介绍。接着，在第2章中，为了进一步思考企业的核心能力和经营资源，我以"员工"为中心进行了分析。在本章中，为了进一步思考企业的外部环境，我又以"顾客"为中心进行了分析。

与优秀员工和普通员工间的生产效率差异相比，优质顾客和非优质顾客贡献的产品消费额差异更大。因此，分析"两类顾客间的差异到底在哪"对商业运营而言大有裨益。

市场中有各种类型的顾客，既有对公司产品完全无感的顾客，也有主动贡献大量销售额的顾客。在如此复杂的状况下，与其盲目提高广告认知率或一味优化DM投放方式，还不如深入分析到底哪类顾客对公司而言才是重要的，了解他们平时是怎样生活的，想些什么，又喜欢些什么。在深入了解顾客的基础上，调控整体产品定位和4P的各要素，以全面满足顾客诉求，这样商品自然就会大卖。这就是现代营销学的基本理念。

为了将这种营销理念付诸实践，本章我主要分两部分做了介绍：第一部分针对市场细分做分析，思考"卖给谁"。第二部分针对市场定位做分析，思考"卖什么，怎么卖"。

在针对市场细分做分析时，我介绍了如何用广告代理商或调研公司手上的单源数据来挖掘优秀的细分市场。与之前提到的分析方法不同的是，在这一阶段我们要思考的并不是"Outcome 高的因素与 Outcome 低的因素之间的差异在哪里",而应该就顾客对营销战略反应的相似性、各细分市场的顾客总数以及平均客单价等做综合考虑。

所以,首先我们要对单源数据做聚类分析,对市场做细分并根据每个细分市场的特征为其命名。紧接着,对各细分市场的人数、客单价、与自家公司优势和劣势的匹配度以及与其他公司竞争的激烈程度等做综合判断,最终选定某个细分市场为我们的目标市场(如表3-6所示)。

表3-6 第3章总结(市场细分)

Outcome	• 对相似性、销售额、顾客总数、竞争激烈程度以及与自家公司的匹配程度等做综合判断
解析单位与范围	• (潜在)顾客
解释变量示例	• 性别、年龄、职业等人口统计学变量 • 居住地区及人口规模、人口密度等 • 生活方式、性格等心理特征 • 价值观、产品使用情况、对产品的态度及忠诚度等行为特征
数据源示例	• 从广告代理店、调研公司等取得的单源数据等
分析方法	• 聚类分析

确定好细分市场以后,接着我们开始分析市场定位,也就是思考"卖什么,怎么卖"。这一阶段的 Outcome 基本上都是销售额,除此之外,我们还可以将购买频率、消费单价或本章中提到过的"购买时是否达到了一定频率或一定金额"定义为 Outcome。

解释变量方面,除了可以使用市场细分环节提到的人口统计学、居住地的地理特征等变量以外,我们还可以基于统合行为理论,先做访谈方式的质性调查,然后再根据调查结果对影响购买行为的因素(顾客态度、规范、自信等)做具体分析。

当然了，上述数据是无法从单源数据中获取的，所以我们需要另行制作调查项目，再通过网络或纸质调查来获取数据源。分析方法则与第 1 章、第 2 章一样，使用多元回归分析或逻辑回归分析（如表 3-7 所示）。

表 3-7　第 3 章总结（市场定位）

Outcome（成果）	• 销售额（或用购买频率、消费单价代替）
解析单位与范围	• 被认为是属于目标细分市场的（潜在）顾客
解释变量示例	• 市场细分环节用到的人口统计学变量 • 地理特征、心理特征、行为特征 • 通过质性调查得到的态度、规范、自信等行为控制因素
数据源示例	• 使用质性调查性质的调查问卷开展网络或纸质调查
分析方法	• （使用逐步回归法等做变量选择的）多元回归分析和逻辑回归分析

当我们找到了左右 Outcome 的解释变量后，接下来应该考虑的就是"怎样才能将解释变量转变到有利于我们的方向"。又或者"在解释变量不利于我们时，怎样才能将其转变为'可接纳（公司商品理念）'的状态"。拿本章中的例子来说，当发现"即使忙到没时间也可以运动"这一解释变量至关重要时，我们要么需要让更多的人觉得"再忙也能运动"，要么让那些不这样觉得的人感到"（通过使用公司产品）这样一来就可以运动"。不管哪种方法都能让我们收获有潜力的全新市场定位。

当我们根据上述分析得到了一些颇具潜力的好点子后，紧接着就应该从各个角度对手头收集到的数据做汇总，然后参考汇总信息，思考这个点子能否有效作用于目标细分市场，同时进一步推敲产品的设计细节、价格区间、销路和推广方式。

最后，我们将做产品或宣传材料（宣传单或 CG 动画等）的原型设计，借此来验证顾客对产品的实际评价。如果结果可喜，那就意味着我们顺利制定出了一项崭新的、值得期待的营销战略。

不过，市场细分、市场定位、4P制定、产品试制及顾客评价这一系列过程几乎都是"螺旋式"前进的。当然，其中不乏呈直线性的分析制定过程，但大多数情况下，我们都需要中途返回至前一步骤，重新再来。

具体而言，营销战略包括了产品功能性、产品本身及外包装设计、价格区间及收费体系、店铺选址及应重视的流通伙伴以及广告媒体、广告设计及文案等各类要素，而这些要素都在我们的可调控范围内。不过，因人而异，或许有些要素对某些顾客而言是非常棒或非常有魅力的，而对另一些顾客而言却是难以容忍或令人感到极其不适的，这点在我们策划营销战略时尤其需要注意。

如果我们能将相关要素全部转变为与目标顾客高度匹配且收益性高的状态，就一定能为公司赢得巨额利润。

统计学补充专栏3

决策树分析与随机森林

决策树分析，英文表述为Decision Tree Analysis。一般来说，（与统计学并无关联的）所有以树状图形式进行分组的方法都被称为"Decision Tree"，而基于数据，依据"被认为最合适的切分条件"描绘树状图并不断重复此过程的分析方法，都被统称为决策树分析。

那么，什么才是"被认为最合适的切分条件"呢？一般情况下，我们以"该条件能否带来明显的Outcome差异"为标准来评判。我们以本章中曾用到的以下图表做进一步说明。

图 3-7 最上方的方框中包含了全部 1000 名分析对象人员的 Outcome，即客单价（每位顾客平均贡献的销售额）平均值为 8500 日元。解释变量备选中包含了性别、年龄、居住地、心理特征等各项内容，我们以此来思考各类切分条件。例如，性别可以分"男性或女性"，年龄可以分"20 岁以上或未满 20 岁""21 岁以上或未满 21 岁"等。每个解释变量都可以延伸出多个切分条件。

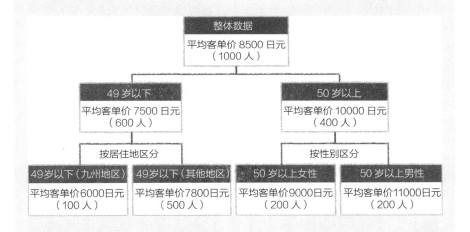

图 3-7　决策树分析示例

然后，我们再从各类切分条件中寻找 Outcome（本例中即平均客单价）差异最大的一类。所谓差异最大，指的是"满足这一条件 Outcome 就高，不满足就低"。同时，我们也要保证切分后任何一组的顾客总数不至于少到只有一两个人，也就是说，"优秀的切分条件"需要保证切分后各组人数的相对平衡。

当判断某一条件"是否是优秀的切分条件"时，我们通常使用信息熵、基尼系数、卡方值等作为指标。指标不同，对应的分析方法也各异。例如，使用信息熵时用的是 C4.5 算法或 C5.0 算法，而 CART（Classification And Regresssion Tree，分类回归树的简称）中则更多用到的是基尼系数，使用卡方值的方法是 CHAID（Chi-squared Automatic Interaction Detection，卡方自动交互检测法）。

当我们确定了针对某项数据的切分条件后，紧接着，需要对切分后的数据继续思考"应该以哪种条件做切分"。不断重复这一过程，最终我们将得到上文中的树状图。

上述算法除了可以作为切分条件的评估指标外，还可以帮助我们区分在做切分时应该分为两组、三组还是三组以上，以及在哪种情况下系统将由于无法再做进一步切分而停止分析。人们甚至研发出了一种无须穷尽所有切分状况就能高速搜索到合适条件的特殊算法。决策树方法群便是由所有上述方法及选项组成。

接下来，让我们继续解读上述树状图。首先，全体分析对象共1000人，平均消费金额为8500日元。如图3-7所示，根据相应算法我们得知，接下来应以"49岁以下""50岁以上"这一年龄条件做切分。

切分结果显示，49岁以下顾客群体共600人，平均消费客单价为7500日元；而50岁以上顾客群体共400人，平均消费客单价为10000日元。两者间平均消费客单价的差额达到了2500日元。当我们进一步探索该以哪个解释变量为条件继续进行切分时发现，对49岁以下顾客群体以居住地（是否居住在九州地区）为条件做切分时平均消费客单价的差异最为明显；而对50岁以上顾客群体则是根据性别做切分时平均消费客单价的差异最为明显。

即使解释变量之间存在本章中曾提到的"交互作用"，我们也依旧能通过决策树分析得到上述结果。因为假设年龄与性别、居住地之间不存在交互作用，那么不管年龄多大，性别或居住地差异带来的客单价差额应该都是固定的。这时，不管是对50岁以上顾客群体而言,还是对49岁以下顾客群体而言,计算出的"最合适的切分条件"应该都是一样的。而实际上,计算结果却显示,针对年龄大的顾客群体,我们应该注重性别条件;而针对年龄偏低的顾客群体,我们应该注重的却是居住地条件。

因此,如上所述,当我们层层递进做条件切分时会发现,无论解释变量间相互组合所带来的交互作用有多么复杂,我们都能找到"客单价最高的群体是由哪些解释变量组合而来的"。这就是决策树分析比回归分析具有优势的地方。

不过,另一方面,在做决策树分析时,即使每次(基于某一特定指标)切分时做出的判断都是最合适的,我们也无法保证将这些条件组合在一起时就一定能识别出"客单价最高的顾客群体"。

因为如果我们将首次切分条件替换为其他条件,也就是替换为对Outcome差异识别能力较低的条件,自然而然地,第二个所谓的最合适的切分条件就会相应改变,受此影响,第三个切分条件也会不同……以此类推,我们将会得到一个完全不同的条件组合。但或许反而是这种条件组合才能帮我们识别出"客单价最高的顾客群体"。

为解决这一问题,近年来机器学习领域中出现了一种名为"随机森林(Random Forest)"的算法。该算法会随机抽取几个解释变量,以这些解释变量做决策树分析,并不断重复这一过程。由此,我们会得到很多"决策树",因此这种算法才被称为"森林"。

然后,我们可以根据性能对得到的"决策树"进行加权合算,从而识别出整体而言最佳的Outcome。

可惜的是,如此强大的"随机森林"算法却有一点美中不足的地方,那就是它无法像回归分析(增加哪个解释变量就可以盈利)或决策树分析(哪个群体的客单价较高)那样提供给我们以语言形式呈现的分析结果。因此，我们也很难借助这一算法识别出那些有助于商业运营的信息。

对于人类而言，"以各种解释变量进行多次决策树分析，再将分析得到的多个结果依据性能做加权合算"并不现实，因为它包含的信息如此之复杂。因此，这一算法虽然可以用在以精准"预测"为最目标的图片识别、故障检测当中，却不太适合用在以"洞察"为目标的各类旨在提升公司盈利的分析当中。

第 4 章

用于业务运营的统计学

　　近半个世纪以来，日本企业在改善产品品质和工程生产效率方面都充分利用了数据分析，但反过来看，制造业以外的领域却基本没用到数据分析。商业行为中包含了各类业务运营环节，而这些环节统统都能通过数据分析得以改善，所以对大多数日本企业而言，目前应该分析的是制造业以外的领域。那么，究竟应该在哪些领域展开哪类分析？又或者，哪类业务领域更需要做数据分析？对于已经接触过调研设计概念的各位而言，这个问题想必并不难回答。

28
戴明提出的全新"管理模式"

运营模式的改善引领美国西南航空走向成功

到目前为止，我们学习了如何针对经营战略、企业内部（人力资源管理）和企业外部（市场营销管理）进行分析，以及如何活用相应分析结果。这些都是能有效地提高企业收益性的几大支柱。

说得极端点，只要赋予优秀人才合适的岗位，让他们保持对工作的积极性，同时确保企业的细分市场和市场定位都准确无误，我们就能收获丰厚的利润。但如果在此之上还想进一步催生出收益差别，我们就需要对运营环节做一番改善。

举个例子，在美国经济及航空业界几经浮沉的大背景下，美国西南航空公司却丝毫未受影响，反而取得了空前成功。这家公司自1973年以来，40多年间不仅持续盈利，而且顾客满意度也始终保持在最高水平。作为典型的商业成功案例，它也因此频频出现在各大商学院的专业课程和商业类书籍当中，大家都在试图从各个角度解读它成功背后的秘密。有人从战略角度出发，认为正是因为它将市场集中在国内短途航线上才得以取得成功；有人从营销战略或市场定位角度出发，认为通过低廉票价和幽默诙谐的广告博取顾客青睐才是其成功的关键；也有人从人事战略角度出发，指出它成功的秘密在于其招聘的那些极富服务精神的员工以及超高的员工满意度。

然而，事实却远不止如此，西南航空在运营改善方面也付出了极大努力。

例如，飞机在天空飞行时会产生价值，而停在机场中时会产生成本。基于这一现实，西南航空大幅缩短了飞机从着陆到再次起飞之间的检查维护时间。为实现这一目标，他们将公司旗下机型统一为小型喷气式客机波音737，以减少维修人员所应掌握的总信息量。同时，飞机着陆后的舱内清扫工作也被大幅简化并改由空姐负责。除此之外，他们不再设置经济舱或商务舱，所有座位均可由乘客自行选择，无须再对号入座。他们还对飞行航线做了充分细致的规划：尽量安排飞机从使用费低廉的小型机场起降，在燃油价格较低的州进行燃料补充等。

通过这些削减成本的举措，西南航空除了向顾客提供了低价航空服务、向员工发放了丰厚薪资以外，还能保持每年持续盈利。

"采取廉价战略"或"重视员工满意度"等，效仿西南航空的做法的确很简单，但如果只是一味从表面上模仿，而不去思考具体措施来改善运营方式、获取利润，那么这些战略就毫无意义。

其实，说到削减成本，我们完全可以考虑减少人事费用，但这样就和西南航空"重视员工满意度"这一经营战略不相匹配了。而简化机内清扫工作，将所有座位换成可以自由选择的席位等，这些战略却与选择乘坐廉价航空的顾客细分十分匹配。和前文中提到的 QB HOUSE 一样，正是西南航空做出的这些选择——"重视应予以重视的部分，大胆剔除不重要的部分"发挥了重大成效并最终帮助他们取得了空前成功。

所以，一味地想通过调整运营来削减成本也未必能成功，我们同时还必须确保所有运营理念都与企业战略高度一致才行。

不仅仅是西南航空，大部分成功企业都有着与经营战略相匹配的运营模式和为实现这一模式而不懈奋斗的企业文化。例如，曾在持续扩张的个人计算机市场中以低价和订单生产模式为卖点获得成功的 Dell，就为了少使用一个螺丝而对产品设计进行了反复改良。每少一个螺丝，组装时间就会减少4秒,而这最终能给全公司带来巨额利润,这一点想必他们是深谙于心的。

提出kaizen并支持着比尔·克林顿的统计学家

不断发现并积累运营中的改善点,再将其转化为竞争资源——这种做法长久以来都是日本制造业的核心武器,而数据也在其中发挥了很大作用。以丰田等企业为代表的日本制造业在制造现场推行的通过参考数据来提高生产效率及生产品质的**QC活动**,在欧美的商学院课程中被称为kaizen。

20世纪80年代,"日美贸易摩擦""Japan As No.1"等词语备受瞩目。当时的美国财经记者和管理学家们也都对日本企业的成功之道非常感兴趣,而他们最终得到的答案之一就是kaizen。

对日本人而言,kaizen文化深深扎根于日本企业,这是非常值得骄傲的事情。但说起kaizen,它既不是突然空降日本的,也不是自古传承而来的,而是由战后与GHQ⊖一同由美赴日的统计学家威廉·爱德华兹·戴明(William Edwards Deming)播下的种子,继而由以石川馨为首的日本统计学家、工程师们总结成体系并促使其生根发芽。其后,众多日本企业经营者、经理、工程师们不懈地致力于将kaizen用于生产实践,这才促使kaizen这一理念创造了巨大价值。

在这之前,戴明在美国本土的知名度并不高。直到20世纪80年代,美国人开始意识到"正是他一手撑起了日本的成长",戴明这才在美国开始受到瞩目,并逐步开始在以福特为首的美国企业及美国联邦政府中担任

⊖ GHQ即General Headquarters的缩写。General Headquarters指的是二战结束后,麦克阿瑟为执行美国政府单独占领日本的政策,以驻日盟军总司令的名义,在东京建立的盟军最高司令官总司令部,在日本被通称为GHQ。——译者注

咨询顾问。比尔·克林顿执政的20世纪90年代的美国，曾因飞速发展的经济而被称为"令人惊艳的十年"，彼时作为政府要员的戴明也做出了不少贡献。

典型的美式管理方式，通常仅凭财务数据或员工绩效成绩来激励、批评甚至解雇员工或将公司整体出售，而戴明则对此持反对态度。他在美国企业开展研修时，通常在研修伊始就会通过有名的"红珠实验"向大家展示这类美式管理的局限性。

【红珠实验简介】
- 一个大号的长方形容器中装着红色和白色木珠。
- 将红珠定义为"不良品"。
- 戴明自己扮演态度恶劣的工头，从研修人员中招募作业员。
- 给作业员一个有50个凹洞的勺子，凹洞大小与木珠相当。
- 戴明向作业员们演示"正确的操作流程"后，作业员开始用勺子捞50个木珠，并尽量不让红珠混在其中。
- 捞一次珠子被视为"一天工作量"，如此重复数天该作业。
- 戴明则进行典型的美式"管理"，根据不良品率高低对作业员或提醒或褒奖。

在日本出版的《发现品质的人》（*The Man Who Discovered Quality*）这本介绍戴明的纪实作品中，详细描述了1989年在印第安纳波利斯进行的这场红珠实验的结果，在此我也略作介绍。

瑞斯特、丹、乔迪等6名研修人员扮演作业员。第一天的作业结果，乔迪捞到的不良品最少，只有5个，而博林和厄尔各捞到了12个不良品。看到这一结果，态度恶劣的工头戴明立刻夸奖了乔迪并提醒大家："大家都看看！乔迪将不良品个数控制到了5个！"同时斥责道，"和他比起来，博林和厄尔太让人失望了！"工头随后便提升了有能力、有干劲的乔迪。如图4-1所示。

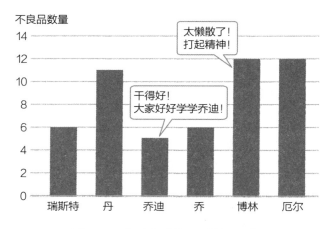

图4-1 红珠实验结果（第一天）

然而，好景不长，第二天之后，乔迪的不良品率便开始节节攀升，工头生气地提醒乔迪不要因为第一天的成功就开始得意忘形（如图4-2所示）。第五天，工头将首日成绩欠佳的丹、博林和厄尔炒了鱿鱼，随即让剩下的三人加倍努力捞珠子，但可惜的是整体的不良品率仍一直居高不下。戴明指出，这就是美式管理的做法。

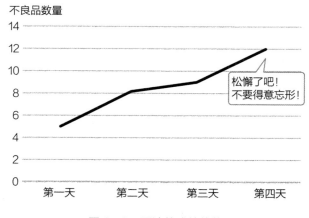

图4-2 乔迪的成绩趋势

其实，只要稍微懂点统计学知识，我们就能注意到，首先，装着木珠的大容器里有 20% 的红珠（不良品）和 80% 的白珠。在这一前提下，就算我们再怎么按照"工头演示的正确流程"操作，也就是捞的时候保持勺子角度呈 45 度，对降低不良品率也起不到任何作用。说到底，捞出的不良品个数只是受概率上的误差影响而已。专业术语中有一个名为"二项分布"的概念，其实我们只需要稍稍动用一点学过的概率知识就能理解这一概念，从而求出从 50 个木珠中捞出红珠的个数与概率各为多少（如图 4-3 所示）。

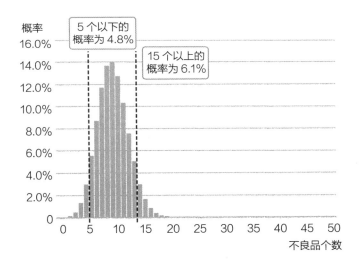

图 4-3　不良品数量的理论分布

通过实际计算后，我们发现，捞到 5 个以下不良品的概率为 4.8%，捞到 15 个以上不良品的概率为 6.1%。也就是说，如果六个人工作五天，其中总有一个人会有一次碰巧捞到 5 个以下，当然也会有次碰巧捞到 15 个以上，而正常情况下捞到不良品的个数是 10 个左右。本例中的乔迪只是运气好，在第一天就碰巧捞到了"5 个以下"而已，这其实并不能代表他多么有干劲或多么有能力。同样，他随后捞到 10 多个不良品也只是碰巧而已，我们并不能将这归咎于他的干劲不足。对于捞到 12 个不良品的博林或厄尔而言也是如此。

如上所述，员工成绩只是单纯受概率影响。这种情况下，如果在他们偶尔表现好的时候就褒奖，表现不好的时候就斥责甚至解雇他们，根本没有意义。这样做既无法降低概率上的误差，也没法改善整体工序。

德鲁克曾指出目标管理至关重要，但如果只是简单粗暴地给出目标，然后根据员工完成度表扬或斥责，这样做并不能给现状带来任何改变。就拿本例来说，工头完全有权力把目标设定为"将不良品数量控制在3个以内！"但结果呢？没人能达成这个目标，工头每天能做的只是不停地训斥员工或炒员工鱿鱼而已。

但我们只要掌握一些统计学知识，就能避免这类徒劳之举。当然，如果你实在怀疑是"干劲不足导致了不良品增加"，那么也好办，只要事先以恰当方式测定出员工的"干劲"，随后再检查他们的不良品数目就可以了。如果得到的结果如图4-4所示，那么我们或许确实可以通过有效管理员工动机来达到将不良品数目降低到10个左右的目的。

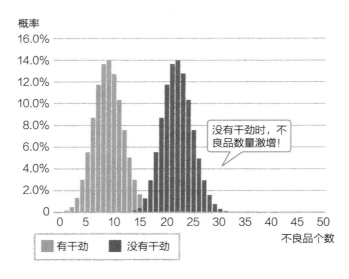

图4-4　探究统计学方面的原因

想办法解决"导致波动的原因"

戴明提出，**所谓管理，指的就是"思考影响这类波动的根本原因是什么，并致力于解决这一原因的过程"**。

就红珠实验而言，很显然，减少容器中的红珠比率比鼓舞士气更能降低不良品率，这在现实商业世界中就等同于改变原材料供应商。当然，我们也可以尝试对"根据工头演示的正确步骤用勺子只捞一次木珠"的运营方式做出调整。当捞出的红珠概率较高时，我们可以赋予作业员权限，让他们自己决定是否重新再捞一次，这样不良品数目也会降低。我们先不管这一做法效率高低，只要作业员挑战20次以上，那么平均至少能有一次捞到5个以下的不良品红珠。又或者，我们也可以进行"设备投资"，给作业员们发放镊子，这样他们就可以用白珠替换掉红珠。

这些内容说起来简单，但各位请仔细想想：**为了达到提高生产效率的目的，各位的公司究竟有没有做到不盲目看重"波动带来的结果"，而是积极致力于解决"影响波动的原因"**？

当我们想改善这些业务时，有时仔细观察现场就能意识到问题所在，有时向合适的岗位指派一些优秀员工并予以赋权，他们也能找到症结所在。但数据的力量在于它可以对这类定性方法进行补足，提供给我们一些从未注意到的问题视角。通过分析积存在公司内部的数据，我们可以获得很多有关提高生产效率、降低生产成本的线索。

29
从局部最优到整体最优

在企业的任何一个领域，只要我们收集合适的数据并进行分析，就能得到一些关于如何提高该领域生产效率的线索。不过，大部分人似乎并没意识到这点。相对而言，他们更倾向于在营销或生产制造领域活用数据（即便是简单的数据汇总），而在采购或物流等领域，数据并没能得到充分利用。媒体或咨询公司提供的"大数据案例"也往往更偏重于前者。

这其实是相当可惜的。因为往往是那些数据未得到充分利用的领域，一旦开始数据分析并采取行动，收效反而更加显著。

沉睡在公司内部可供改善的广袤新领域

在这里向大家简单分享一下我个人的经验及感受。假设有一家相对而言比较踏实地做市场调研（即使只是简单的数据汇总级别的调研）的公司。现在，他们想像第3章中提到的那样"采用一些更为高级的数据活用方法"。随后，他们通过数据分析也确实总结出了几个（或十几个）方法，这些方法可以帮助其单个项目销售额提高零点几个百分点。

假设某项业务销售额约为100亿日元，那么就意味着这些方法可以提高几千万日元的销售额，于是他们从能立刻执行（例如只要简单联系一下店长或采购人员就可以）的方法开始试水。正如前文中我曾反复强调的，如果可以的话，在这一步最好做一下随机对照试验。

当采取完所有该采取的行动之后，接着他们又可以对其他业务或切入点做数据分析。只要持续这一过程,那么就算整体经济不太景气,他们也可以凭借着在营销领域的改善措施而每年提高几个百分点的销售额。

但在制造行业,尤其是品控相关领域情况就不一样了。在这些领域,就算我们用到一些略微高端的分析方法,改善的余地也十分有限。因为众多日本企业已经集结了相当多的来自现场的智慧和数据,而且这些企业从戴明随 GHQ 赴日以来持续半个世纪以上,都一直致力于提高品质。现在的不良品率水准,当然根据产品类别不同多少会有些差异,已经不再是以百分点为单位,而是以 ppm,也就是"100 万个产品中会出现几个不良品"为单位了。

在此基础上再进一步降低不良品率是非常费时费力的,而且这时的目的就已不再是获取利润,而是涉及社会责任、企业理念等领域了。

到了这一步,极低的不良品率已不再是一项强势的竞争资源,而且极少数出现的不良品也并不会给顾客带来任何危险。公司在收到不良品投诉后,通常会支付给顾客一笔丰厚的赔偿金,同时提供替代产品,这样下来,一年的花费也到不了数百万日元。为了削减这点成本而兴师动众地做数据分析,成本和收益并不匹配。

然而,采购、物流及客服等领域却普遍还没怎么用到数据。第 2 章提到的人力资源管理方面也一样。大部分企业在这些领域甚至连最基本的简单汇总都没做过,有些企业甚至多年以来完全没有采取任何措施去改善和提高生产效率。

如果在这些领域中按本书介绍的方法做数据分析会怎样呢?我想效果应该会超过营销领域。以我自身经验而言,我们一般在做完这些领域的数据分析后都能收获一些有关降低成本、提高生产效率的线索,降低或提高的幅度少则几个百分点,多则十几个百分点。

假设我们手头有一批产品,由于老旧或过期需要花费 100 亿日元的存货处置成本,而我们以前并没有对此采取过任何改善措施,那就意味着这其中至少有几亿日元是我们通过"数据分析能省下来的"。正因为我们以往太疏于这些领域的改善业务，所以反而有极大的改善空间等着我们去发掘。

从"瓶颈"开始着手

基于这个想法，我们可以先从自己部门开始试水。不过，最好的做法还是首先站在"整体优化"的视角，思考从公司层面而言目前应该优先改善哪些领域。

身为管理学家、咨询顾问以及物理学家的艾利·M. 高德拉特（Eliyahu M. Goldratt）在畅销书《目标》中提出使用"约束条件的理论"来对经营方式做整体优化。《目标》首先在美国登上畅销书榜，随后被译成多种语言出版。但多年以来，唯独日译版迟迟得不到授权，据说是因为高德拉特认为"日本人如果学会了如何做到整体最优，那么美国企业可能又会像20世纪80年代那样再次受到日本企业的威胁"。

高德拉特表示，日本人对局部进行优化的能力在世界上无人能比，前文中提到的统计质量管理便是一例。锁定某一工厂的生产线或某一零部件，对"局部"的生产效率或品质进行不断改善，这一能力成了日本企业强有力的竞争资源，甚至一度在20世纪80年代威胁到了美国企业的地位。那么，在企业内部所有领域推进局部改善，是否就意味着能实现整体最优了呢？事实并非如此，整体优化也是日本人最不擅长的地方。那么，如果日本人学会了"目标"中提到的约束条件的理论，不再止步于局部改善，并最终实现了整体优化，会怎样呢？高德拉特认为，那样的话，日本企业所具备的竞争力很可能会再度使美国企业面临危机。

约束条件的理论，简单而言说的就是"**整体的生产效率受到其中最薄弱环节的制约，因此，要想实现整体最优，那么首先必须找出最薄弱的部**

分并予以改善"。高德拉特用"瓶颈"一词来形容"最薄弱的部分",意味着那一部分就像玻璃瓶的颈部一样,是整体中最窄的部分。

举个简单的例子。我们将某制造企业大致划分为 3 个部门：负责采购原材料的部门、负责加工生产的部门以及负责成品营销的部门。假设采购部门每月能稳定购入 1 万份产品原材料,生产部门每月能制造 1 万件产品,而销售部门每月能签下合同售出这 1 万件产品,这就是整体最优状态。

但如果这时经营者想"进一步强化销售能力",更换了销售负责人并改善了员工录用和培训方法,使得每月能签下的订单量翻倍,达到了 2 万件。这本身是值得开心的事,但如果采购部门每月依旧只能采购到 1 万份产品原材料,而生产部门的能力上限也是每月制造 1 万件产品,那么就算订单量翻倍也无济于事。毕竟,没有产品拿来卖,销售人员最终只能落得让顾客们久等或低头谢罪让客户取消订单的结局。

如果这时工厂出了点问题导致产能减半,每月只能生产 5000 件产品,那么又会怎样呢？公司要么临时取消 1 万份产品原材料订单中的一半并支付违约金,要么额外支付仓储成本来储存多出来的产品原材料。优秀的销售部队则需要四处奔波,低声下气地去处理这些没法兑现的产品订单。并且,最终进到公司账上的也仅仅是 5000 件产品的销售额而已。

这种状况与整体优化可谓相去甚远。不用说,瓶颈就是只能制造 5000 件产品的生产能力。只要这一瓶颈存在,不管销售部队多么优秀,也不管公司多么具备稳定购入稀少原材料的能力,进到公司账上的就只是这 5000 件产品的销售额而已。所以,只要我们对无法满足现有销售能力的采购能力和制造能力做出改善,那么该企业的效益就会大幅提升(如图 4-5 所示)。

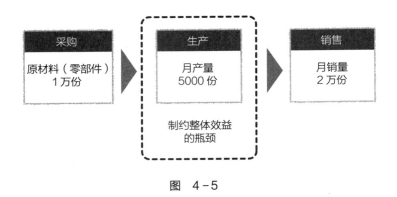

图 4-5

以上只不过是个简单的案例，实际上部门之间也好，部门内部也罢，企业内所有岗位都是相互联系、相互依存的。我们既无法将客户尚未交货的产品堆进仓库，也无法将仓库里没有的产品用货车拉出去。营销部门如果不准备好有希望的潜在客户名单，销售活动的效率就会受到显著影响；而销售部门如果拿不到订单，售后服务部门连提供服务的对象都没有。工厂里、餐厅厨房中、挤满工程师的研发室里……稍微看看我们就能发现，企业各项业务间存在无数的关联性和依存关系。

假如公司要求你借助数据来提升业绩，同时分析内容也不受限制，这时如果你有权对经营战略、人力资源管理或市场营销管理进行调整，那么请务必践行。因为我们只要在这些根本性的战略调整上获得成功，就能大幅提升企业的收益性。

如果这种大规模的分析调整比较难实现，那么大家也可以在各自权限范围内思考瓶颈在哪里，因为这极有可能就是最能为提升公司生产效率做出贡献的分析课题。同时，大家可以重点关注那些相互依赖度很高的资源，看看有没有一方剩余或被浪费，或者是不是有一方需要等待另一方或被另一方等待。

充分理解上述内容后，我们将从下一节开始学习，针对企业各部门该分别使用哪种 Outcome 和解析单位以及该怎样进行分析。

第 4 章
用于业务运营的统计学

30
价值链与各部门的标准

接下来，我将具体阐述在商业领域中，各部门（除经营战略、人力资源与市场营销之外）分别应使用怎样的 Outcome 和解析单位。

不过，在这之前，我们应该思考一下该怎样对部门或业务做划分。企业不同，对组织的划分方式不同，对同一业务内容的叫法也各异。在这家公司被单独划分出来的一项业务，可能在那家公司却被纳入某一部门旗下。

如果我和大家进行的是一对一的私人咨询，那倒是可以在听取大家的具体业务内容之后，再给出我个人对 Outcome 和解析单位的建议。但现在既然用的是书籍这一载体，这种做法就不太现实了。所以，在此我想采取一种对大多数企业而言属于最大公约数的标准，根据这一标准对企业业务进行分类，随后再考虑分类后的各部门的标准 Outcome 和标准解析单位。

价值链的思考方式

管理学在划分企业组织时用到了一个非常普及的概念，即**价值链**。波特在他的另一本与《竞争战略》齐名的名著《竞争优势战略》中提到了这一概念，并将各项企业活动带来的"价值"和"成本"整理成图 4-6 中的内容。

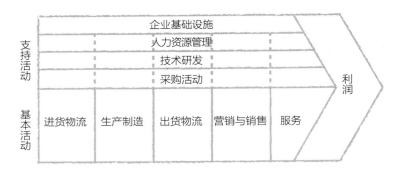

图 4-6 波特的价值链

在《竞争优势战略》一书中，波特不仅分析了"应该在哪个市场展开角逐"这一市场定位问题，还提到了该如何运用企业的竞争资源和核心能力来保持市场优势。本书中提到的价值链这一框架，就是世界各国在对企业活动进行分类时经常采用的理论依据。

波特将企业活动分为"基本活动"和"支持活动"两大类。基本活动主要指的是采购运输原材料（进货物流）、加工生产产品（生产制造）后，将产品运输至销售点（出货物流），随后通过营销与销售活动售出产品（营销与销售），最后为顾客在使用产品前后提供服务（服务）。

而所有这些工序背后都有着一系列支持活动：企业基础设施、人力资源管理、技术研发以及购买原材料或所需资材的采购活动。例如，总务或会计这类部门主要负责工作环境的整顿或公司整体的会计事务，因此它们作为"公司整体基盘的基础设施"，被归为企业基础设施这一类。

当然，行业或企业战略不同，这些业务中的部分内容可能不需要或只需要保留一部分。例如，服务业中可能就不存在物流这一概念，而有的制造业企业则会采取低价战略，前提是不提供售后服务。无论如何，如果企业在这一过程中都能"通过更少的成本或资本获取更大的价值"，那么就能创造更大的利润，而这也将成为企业获利的竞争优势。

但是，从管理会计角度而言，要想像波特提到的那样去精确把握每项企业活动所花费的成本以及所产生的价值是非常困难的。不过，在除基础设施之外的所有企业活动中，某种程度上我们还是可以找到一些明显与成本相关或与所产生价值相关的指标，这些就是我们应该分析的 Outcome。在此基础上，我们再来思考什么才是恰当的解析单位。这样一来，就能像前文那样整理出相应的分析标准了。

首先，像我在第 2 章中提到的那样，**在企业的所有领域中，"员工"这一解析单位都可作为一个共通选项**。在技术研发、采购活动、进货和出货物流等领域，我们更倾向于将关注点放在"物"或"技术"上。但当几十位员工同时从事某项业务时，对"生产效率高的员工与生产效率低的员工之间的差别""容易出错的员工与不太出错的员工之间的差别"做一番分析还是非常有价值的。

接下来，我将具体解释一下**所谓的生产效率或成本在各个部门中具体指的是什么，同时提供一些"事""物""方法"等粒度小于员工（人）的解析单位**。如图 4-7 和图 4-8 所示。

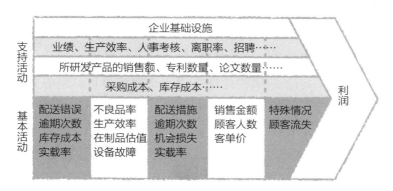

图 4-7　各部门的 Outcome 示例

统计学思维
如何利用数据分析提高企业绩效

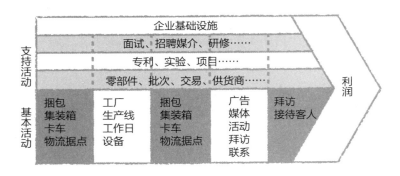

图4-8 各部门除"人"以外的解析单位示例

具体的 Outcome 与解析单位

◎ **人力资源管理**

在人力资源领域,首先,"生产效率""业绩"这类指标(各部门都有但具体内容不尽相同)自然可以作为 Outcome。除此之外,当我们考虑到成本问题时,"离职"或"招聘"等也可以作为 Outcome 的一种。在第2章中我曾提到,有研究证明"离职率高、员工更替频繁会导致生产效率下降"。就算我们想忽视这一结果,但仍不得不承认离职率高是导致成本升高的主要因素。因为不管是应届生的新员工也好,有工作经验的新员工也好,招聘和培训起来都是需要花钱的。

当我们需要通过猎头招聘有工作经验的新员工来填补中坚员工离职带来的职位空缺时,一般需要支付该员工年收入的一半或全部作为中介费。因此,在员工招聘方面花费了一定成本后,最终有多少人前来应聘,又有多少人最终被录用,这些内容都具备被分析的价值。在招聘方法妥当的情况下,每录用一名员工所花费的成本当然越低越好,但领导层或专业技术人员这类人与人之间生产效率相差悬殊的岗位又另当别论了。这时,我们一般会将成本置之度外,而更为关注如何才能顺利地将那些高精尖人才纳入麾下。

解析单位方面，我们可以用"面试""招聘媒介""研修"等比"人"粒度更小的单位。例如，大型企业每年要进行成百上千次招聘面试，这样我们通过分析就能得知，在哪种状况下提出哪种面试问题后予以录用的员工业绩更好。如此一来，不仅可以提高面试质量，录用到优秀人才，还可以减少无谓的面试次数，最终达到减少招聘和录用成本的目的。

◎ 技术研发

技术研发属于不确定性较高的领域，但这并不意味着无法做分析。例如，我们可以将"使用了该技术的某款产品的销售额"或"该技术带来的技术许可费"等与利润直接相关的内容设为 Outcome。如果我们较难拿到金额方面的确切数据，那么至少还能以专家提供的"（对该技术）作为竞争资源的优势力度的评价"、获取的"专利数量"以及出版时的"论文引用数量"等形式来评价。

解析单位方面，首先，"对目前为止获得的专利做逐项分析"自然不失为一个不错的解析单位；其次，我们还可以以那些为期一年或几年的研究项目，或者以那些记录在案的每一次实验为对象，去分析它们是否与技术研发进展直接相关。

假如分析结果显示，给技术研发带来重大进展的实验大多都集中在上午时段，那么或许我们就该对在研究所埋首工作到深夜的工作方式做出调整了。

◎ 采购

既然是负责采购的部门，那么减少采购成本自然是第一重要的，但这并不意味着我们只要简单分析一下产品的单价就可以了。想降低单价只要一次性大批量购入就行，但这样不仅会增加仓储成本，而且可能会因为产品迭代使得原材料陈旧或存放时间过久导致品质劣化，进而不得不废弃所有产品。又或者，当采购的零部件或原材料中混有不良品时，那么生产制造到销售的整个过程中又会增加多少成本呢？这些我们都需要综合考虑。

解析单位方面，从"零部件和原材料"等"物"的角度进行分析是最基本的。更进一步，我们还可以通过分析每桩"交易"来了解"在哪一时期或用哪种方法进行交易能够降低采购价格"。同时，我们还可以使用前文中提到的"员工"这一解析单位来分析"擅长采购谈判的人和不擅长采购谈判的人之间的差别"。

反过来，我们还可以使用"供货商企业"这一粒度更大的解析单位。如果我们发现供货方工厂是否配备了某种特定设备会很大程度上影响到我们所需的关键零部件的品质，那么日后选择新供货商时这一信息就能作为参考。又或者，当我们了解了只有从某一特定国家采购时原材料价格才会十分不稳定，那么这就能成为我们讨论外汇风险对冲时的参考材料。

◎ 进货物流与出货物流

基本活动中的"进货物流"与"出货物流"方面，逾期或未送达等失误导致的机会损失可作为一个重要的 Outcome。这些失误本身并不是好消息，因此，企业需要花费额外成本来处理相应投诉或安排紧急配送。如果出现"没有原材料导致工厂无法开工""没有产品导致没法卖给顾客"的状况，那就成为影响成本的致命因素了。相反，当几乎没有这种情况出现时，反过来说，也就意味着"即使部分货到不了，现有库存也能扛得住"，就像我在前文采购部分中曾提到的，说不定这就意味着公司在产品保管或产品废弃方面的成本耗费过高。另外，如果用公司名下的卡车等运输原材料或产品，那么我们也可以将实载率、装货率或事故次数等视为影响成本的因素。

解析单位方面，我们则可以使用"每次配送""仓库等据点""捆包"以及"卡车"等内容。

◎ **生产运营**

生产运营方面，人们经常用上文提到过的不良品率等品质因素、代表每天产量多少的生产效率以及生产设备故障等作为分析对象。除此之外，与采购和物流部门相同，在制品（即处于原材料和完成品的中间状态的"一部分加工生产已完成的产品"）的估算价值也可以作为一项Outcome。与原材料或成品库存过多时带来的问题一样，当工厂中存有大量在制品时，企业需要耗费成本、占用一定空间来保管这些在制品。如果公司不是以在制品的形式，而是以现金存款的形式持有这些资产，那么不仅能给公司带来充足的现金流，说不定还能抵消公司部分需要支付利息的银行借款。而且，某一特定在制品库存过多，也就意味着其上下游工程很可能正遭遇着某种瓶颈。

解析单位方面，我们可以使用每个"产品""（每次生产的）生产批量""工程"以及（当存在几十个同类型对象时的）"设备""生产线"和"工厂"等。

◎ **营销和销售**

营销和销售方面，我曾在第3章中提到过可以将"消费额"作为Outcome。除此之外，与消费额直接相关的"顾客数量""客单价"等都可用作Outcome。

解析单位方面，我们可以使用粒度小于人（员工或顾客等）的单位，例如每个"广告""媒体""DM""客服中心的联系内容""为网罗潜在客户举办的活动"以及"销售拜访"等。

◎ **服务**

服务方面，减少顾客流失、获取回头客等内容都可作为 Outcome。处理投诉或意外事件时花费的成本也能当作 Outcome。

解析单位方面，可使用"每次的顾客接待""顾客咨询或顾客投诉的处理""售后服务拜访"等。

单单根据价值链模型进行粗略分类，我们就能得出如此之多的分析方针。如果大家能将这些内容有效实践到数据分析当中，我将感到不胜荣幸。

31
从业务用数据到分析用数据

首先从分析手头数据开始

确定好了 Outcome 和解析单位后,接下来就剩下解释变量了。至于分析手法,前文中我也曾多次提到,当 Outcome 是某一数值时使用多元回归分析,而当 Outcome 是某种状态时则使用逻辑回归分析。

在这里,我没法像前三章那样,对上一节中提到的各部门数据分析方法举例做详尽说明,但有一个思路是所有部门在做数据分析时共通的:当**我们为了改善业务运营而进行数据分析时,最先应该分析的是公司信息系统中与该业务相关的现有数据**。这点希望大家切记。从现有数据中找到与 Outcome 相关的信息并予以加工,与此同时其他信息则均作为解释变量备选,实施变量选择后再展开分析——这一套流程是最基本的。

从采购、物流领域,再到生产、客户服务领域,现在大部分企业都导入了相应的信息系统,典型代表就是以 SAP 为代表的 ERP(Enterprise Resource Planning)系统。如果这些领域"到目前为止尚未有效地活用数据",那么希望大家先停下脚步,不要急着去考虑收集新数据。此时大家首先应该做的就是通过分析手头现有数据,思考我们能了解到什么,又无法了解到什么。

将数据转化为可供统计分析的形式

在这一步我们首先碰到的问题是,怎样收集公司信息系统中的数据,又该怎样将其转化为可供统计分析的状态。构建信息系统的首要目的不过是"为了顺利推进业务",因此分析数据属于次要目的,更何况,用于业务的数据品质与用于分析的数据品质之间还存在着一定差距。

就像第 1 章中提到的那样,用来分析的数据形式一般一个解析单位占一行,Outcome 和解释变量各排成竖列,这样最终制作出来的表格信息完整,不存在任何遗漏。解释变量基本上要么全是"表示数值大小的数据",要么全是"被归类为某一状态的数据"。原始数据中如果包含可以任意输入的文本型数据,那么必须将其加工为上述两种类型中的某一种,否则无法进行分析。

用于业务的数据,精度只要达到"当事人能识别的水准就足够了"。就拿客户住址这一数据来说,不管是全角、半角还是中文数字混用,也不管是否省略了都道府县名,只要将它们印在信封上寄出去,邮件就一定能送达。不过,这种数据状态下,我们是没法对"邮寄目的地不同(是寄往日本东北地区,还是寄往九州地区)是否会导致配送失误率不同"这一设问做出分析的。这时我们就需要花点时间和精力制作出"地区"这类"被归为某一有限状态的数据"了。

如果将数据按都道府县和市区郡做分类整理并保证不存在遗漏的话,那么分析起来自然就简单了。不过,还有更好的做法,那就是用两位数的都道府县代码取代文本来代表都道府县的名称,例如北海道是 01,青森是 02……

所以,大家至少应该在公司内部贯彻"地址类信息必须从都道府县名开始填起"这一规定,这样的话我们只要写个程序,"通过读取最前面两个文字来判断"就可以了。但如果公司管理标准仅仅停留在"员工能识别就可以了"的级别,那么假设某家在大阪设有据点的企业中有一位粗心的负责人,他就很有可能将大阪市福岛区的住址简略输成"福岛区"。此时如果我们简单地通过程序"读取最前面两个文字来判断",就很有可能将这一住址错误地分类到福岛县下。

第 4 章
用于业务运营的统计学

将数据相关联

还有一点值得注意的是，业务用数据所用到的粒度单位往往跟我们心目中的解析单位不一致，这时要想准备分析用数据，就必须将手头数据做归纳关联，必要时还得做一些汇总。

例如，也许是受近来广受热议的"IoT""工业4.0"等影响，很多工厂都开始将生产设备的运行日志经由网络上传至服务器上。运行日志一般记录了零部件、在制品或产品通过生产设备时的相关数据，每通过一次生产设备就会相应生成一行数据。具体内容涉及设备 ID（显示该数据是从哪台设备发出的）、日志的生成时间日期以及各类传感器在当时记录下的温度和湿度等。同时，可能还包含正在生产的产品型号以及检测到的异常或警报信息。如今很多企业都在尝试对上述数据展开分析。

那么，它们具体是用哪些数据来分析什么呢？例如，它们可以针对同一工序中的几台设备，分析"经常因异常而停止运行的设备与很少因异常而停止运行的设备之间的差异在哪里"。

现成的数据是以"（产品每次通过生产设备时的）状态"为粒度单位归纳成行的，但如果想要做上一段中提到的分析，我们就必须将数据重新加工，让它们按解析单位，即"每台设备"归纳成行。而因为每台设备必定会生成多个（具体个数因设备而异）运行日志，所以在此我们需要对数据进行汇总。

在这一步考虑到的汇总方式越多，解释变量的备选就越丰富，我们也就越有可能收获到一些出乎意料的分析结果。例如，就同一内部温度而言，设备故障风险是受平均温度影响，还是受最高温度影响？或者，当我们通过运行日志的时间戳，以时段为单位重新汇总时可能会发现：当用相同方法操作同种设备时，不知出于什么原因，那些常在深夜运行的设备故障率更高。又或者，我们也可以通过判定"最近一次（并非因为休息日）持续 24 小时以上未生成运行日志的日期是几天前"来定义"最后一次（关掉设备进行的）检修以来的连续运行天数"这一解释变量。

如果我们想增加解释变量，让分析结果更为全面深刻，那么还可以想想看除了运行日志以外还有没有其他可以用到的数据。例如，各台设备都是什么时候从哪个厂家购入的，设备型号是什么，拥有什么样的性能规格，等等。这些都是想要调查就能调查得到的数据。又或者，使用该设备的工厂中有多少位员工、这些员工特性如何等，这些数据也是应该能从某些公司部门找到的。

将这些信息做好归纳关联，如果需要的话，再进一步整理汇总，我们或许就能得到诸如"采购时应该重视这一性能规格""当工厂员工大多拥有这种特性时，设备较少发生故障"等线索。

不过，一旦我们开始收集整理数据，就经常会碰到"ID 匹配性"这一大难题。拿上述例子来说，工厂在进行设备管理时用到的数据中常常会包含"哪种型号的设备在什么时候购入，安置在哪个工厂"等内容，而这类数据中用于识别各设备的 ID 与显示运行日志是出自哪台设备的 ID 并不一致。如图 4-9 所示。

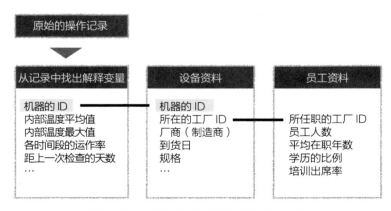

图 4-9　使用 IoT 操作记录进行分析举例

只要 ID 统一，我们完全可以通过数据库管理语言 SQL 的 JOIN 命令，甚至是 Excel 的 VLOOKUP 函数来对数据进行整合，但事情并非总是这么简单。最终，我们可能不得不费时费力地对照着纸质文档来手动制作对应表，这无疑也提高了数据分析的门槛。

即使最终的分析目的不同，分析过程中也会产生同样的问题。例如，当分析"最终检验中，被判为不良品的产品与被判为合格品的产品之间差异在哪里"时，我们必须将不同工序中生成的运行日志与某产品的最终生产编号相匹配。如果不这样做，我们就无法得到诸如"某一工序中发出的警报与最终不良品率密切相关，必须采取相应对策"之类的结论。

当然，技术熟练的工厂管理人员通过谨慎的目视检查可能会找到部分上述因果关系，但数据分析正是为了处理那些人们无法顾及的大量信息而存在的。也就是说，既然我们要做分析，那就不应该有需要靠目视检查的部分，而是应该全盘交给设备来做，这种状态才是最理想的。

32
提高数据品质与数据加工的要点

"完整的数据"是一个陷阱

说起数据品质与分析用数据加工方面的注意事项，那简直是举不胜举。业务内容或数据特性不同，需要注意的程度也大不相同，因此在这里我无法向大家做统一的概述。但唯有一点建议，我想是适用于所有人的，在这里稍作一提。

那就是，**不要为了提高分析用数据的品质，"从一开始就试图将所有数据都收集完整"**。将公司内部所有相关数据都收集整理起来，全面掌握每类数据的定义及 ID 管理方法等，剔除异常值并确认不存在数据遗漏等情况。像这样，对数据库进行一元化管理，确保能够随时对应任何分析需求——这个想法本身的确很棒，但据我所知，这样做几乎没有回报与投入相匹配的先例。

因为这些准备极其费工夫。跨部门收集数据这一想法本身就很可能会受到部门本位主义者的阻挠，使得我们不得不耗费大量精力用于公司内部调整。又或者，连各部门的业务系统负责人自身都不太清楚自己所管理的系统内都有哪些数据。甚至公司内部还有一些因为"无碍于业务运营"便索性一直被沿用下来的几十年前的老旧系统，当时了解这些系统的人们都已离开公司，也没留下任何像样的说明文件，于是这些成了"黑匣子"的系统就这样继续在无人问津处悄声无息地运行着。

当我们披荆斩棘终于按照当初的规划范畴，在某种程度上搭建起"企

第 4 章
用于业务运营的统计学

业分析基盘"时,大多已经花费了数年时间和上亿日元的成本了。而在这期间,很可能又出现了很多在项目伊始并不存在的新的信息系统、数据或使用规则,有些是为了遵守合规制度,有些是对 IoT 的新一轮投资,这些变化自然都是合情合理的。然而,在这种变化的影响下,无论再花多少时间都无法构建成所谓的"企业分析基盘"。

最大的问题还在于,如果我们一味地等着,想将数据先收集完整,那也就意味着我们永远没法开始分析,也永远无法出成果。当我们为收集数据在公司内部周旋调整时,势必会被问到"妥善管理数据到底有哪些好处""所谓值得分析的数据到底指的是什么状态的数据"等问题。为了解答这些问题,我们至少得实际做一次分析,根据分析结果采取行动,并最终取得效果,这样给出的回答才有说服力。也就是说,这是个先有鸡还是先有蛋的问题,数据不整备到位的话就无法分析,无法分析的话就无法解释整备数据的好处。这样下去,公司内部的调整工作就永远无法结束,而我们也永远无法从数据中获得任何价值。

有"欠缺"感就对了

因此,我推荐给大家的做法是"首先从触手可及的内容开始分析"。如果手头上只有日志数据,那么就只用日志数据来分析。至于设备的性能规格等内容,如果手动将它们与运行日志匹配起来的工作量并不太大,那么也可以一并用上。然后,再根据这些内容思考各类解释变量,推测能得出怎样的分析结论,根据这些结论我们又能采取哪些可以直接带来利润的行动。最后,如果可以的话,利用随机对照试验进行验证。

如此实践一番后,想必大家就能体会到我所谓的"欠缺"感了,也就是一种**"总觉得能证明些什么,但无奈手头数据不够"的感觉**。不过,实际体验了整个分析流程之后,我们就已经知道该将分析用数据处理成哪种状态了，对我们所分析数据的 ID 分配方式也大多有了一定了解。

到了这一步，我们才开始真正了解自己想要的其他数据是什么，从而动手搜寻并进行加工。而随着可供分析的新数据进一步增加，我们又可以对不同的解析单位或 Outcome 做出分析。

像这样一点点展开分析，拓宽可采取行动的范围，与此相应的是，手动部分的工作内容也会逐渐定型，这时"制作完备的分析基盘"的时机才算到来了。而对于前文中提到的，我们在公司内部周旋调整时被问到的"妥善管理数据到底有哪些好处""所谓值得分析的数据到底指的是什么状态的数据"等问题，想必大家也都能对答如流了。

到了这个阶段，当初那些在我们低头拜托提供数据时充耳不闻的部门负责人们，有时甚至会自己主动要求参与进来。

不用勉强思考"假设"

另外，希望大家记住的是，**思考解释变量并不等同于"思考假设"**。说起"思考假设"，大家多少总会有些压力，觉得必须得说点积极的内容，不能说错误的内容。一个好的假设，往往都是违背直觉的，或是以前从未想到过且带有独创性的。"想自己所未想"本来就很困难，而且就算煞费苦心地想出来，也很有可能在众人讨论时以偏题为由被全盘否定。

相比之下，暂时性地确定几个解析单位，根据手头数据思考并定义解析单位的特征，尽量多想出一些点子更为有效。这一过程就是在思考解释变量。我们可以根据前文中提到的观点——"是否用数字表示大小""是否分类为（几十个左右的）有限状态"来对手头上的自由文本数据进行分类，同时思考各种汇总或计算方法（将多列数据进行组合等）。就算是在分析同一数据，这一步中点子的多少也很大程度上直接影响了最终分析结果的含金量。

第 4 章
用于业务运营的统计学

点子想出来以后，我们需要提前用语言明确表达出"应该如何加工数据"，然后再对实际数据进行加工。

数据规模较小时，我们可以用 Excel 的函数或数据透视表来加工。但如果用 Excel 来读取日志数据等内容，一般的电脑就会很容易内存不足。这种情况下，我们必须通过数据库读取相关数据，再用 SQL 进行汇总或编写一些 SAS、R 或 Stata 的代码。这一步中，我们可以使用任何工具，甚至还可以请一些公司内外部的程序员来帮忙。

事实上，当我们委托外部数据科学家进行数据分析项目时，**最耗费工夫和成本的就是这个数据加工阶段**。在一个 1 亿日元的项目中，甚至会有 8000 万日元会被耗费在数据加工上。

到目前为止我本人也体验过无数次这样的数据加工，其中大多数都是对有限的点子的组合，所以就算一开始比较辛苦，习惯以后也就能应对自如了。而我之所以创办名为 DataVehicle 的软件开发公司，也是因为目前世界上还没有一种自动化工具能在开始进行分析前帮助我们对这类数据进行加工。例如，Data Driver 这款工具，只要我们上传 ID 统一的数据并设置好解析单位和 Outcome，它就能对所有解释变量备选进行自动加工，在此之上再进行变量选择，最终将得到的多元回归分析或逻辑回归分析的结果以自然语言和交互图形的形式呈现给我们。

而借助 Data Ferry 这款工具，不需要具备任何编程能力，我们只要授予它连接公司内部数据库的权限，就可以对相关数据进行组合并清除那些存在遗漏或异常值等问题的数据。这样一来，任何人都能制作出完美的分析用数据了。

如果需要的话，大家可以借助这些工具，或者也可以趁此机会好好学习一下 SQL、SAS 或 R 等数据加工技术。不管怎样，在此我衷心希望大家能从手头接触到的数据着手，一点点扩大分析范围，并最终取得丰硕的分析成果。

33
"洞察性分析"与"预测性分析"

目前为止，我们学习了企业各部门的解析单位和Outcome准则。每个公司使用的具体数据虽然各不相同，但大家都是根据手头上的数据尽可能地列举出各类解释变量，然后再以一个解析单位一行数据的形式整理，剩下的就是不断重复第1章至第3章中反复提到的分析流程了。也就是运用多元回归分析、逻辑回归分析和变量选择，来找寻"Outcome很理想的解析单位和Outcome不理想的解析单位之间的差异在哪里"，随后再根据分析结果，尝试采取行动去改变或转移这些差异。从这个意义上来说，本书已经做完所有该做的说明了。

何谓"预测性分析"

最后，我想说说本书始终未曾提及的统计学的另一个用处，那就是"**预测性分析**"。我至今为止提到的分析内容都属于"**洞察性分析**"。

假设有一项多元回归分析的分析结果，解析单位是商品，Outcome是销售额。我们根据结果来解读每个解释变量下的回归系数，思考"怎样才能进一步提高销售额"。这就是我们目前为止反复提到的分析方法。

为了提高销售额，我们可以改变的因素数不胜数：产品功能、规格、设计、外包装、价格、需要开拓的零售店、广告标语、广告代言人以及广告登载媒体，等等。在这些选项当中，选取哪个因素，做出哪种改变才能提高销售额？我们通过进行这类洞察，将商业活动一点点引导至有利的方

第 4 章
用于业务运营的统计学

向——这就是本书目前为止提到的主要做法。

然而，与此同时，针对同一分析结果，却有人关注点完全不同。他们并不关注怎样才能提高销售额，而是想准确预测目前需要采购、配送或生产多少数量的产品。对于这些站在运营角度的负责人来说，只要能事先准确把握销售数量，那么就可以采购、制造或储存所需量的产品了。而一旦他们对这一数字的把握出现偏差，偏差过大时可能会出现库存过剩耗费成本、占用现金流的现象，偏差过小时则可能会导致企业出现机会损失。

为了满足这类需求，我们就需要用到"预测性分析"。当然不仅是商品数量，客服中心的员工待机人数、服务器的计算资源等，所有这些与商业相关的资源，只要我们能准确预测需要量，就能削减无效成本。

我之所以在包含本书在内的各类文章中更常提及洞察性分析而非预测性分析，是因为对于大多数社会人士而言，洞察性分析是一种能发挥他们自身优势的较为简单的分析方法。

你的隐性知识将成为做"洞察性分析"的武器

那么，发挥自身优势指的是什么呢？也就是说，**就连那些拥有高端分析能力和 IT 技能，能熟练运用超级计算机等昂贵计算资源的数据分析专家，也未必能做出比有行业经验的业务人员更深刻的洞察。**

请大家回想一下，我在第 2 章中曾提到一项系统综述的结果，即"销售人员们呈现出语言智力越高业绩越低的倾向"。如果你所在的企业也存在此类问题，那么数据分析专家们只要对员工入职时的 SPI 数据与入职后的销售成绩进行分析就能立刻得出上述结果。但这个结果究竟意味着什么？我们又该怎样有效利用这一结果？数据分析专家们未必能给出有用的建议。或许他们只能简单地给出一些类似于"销售部门或许应该录用 SPI 中语言类测试得分较低的人"之类的建议，又或者因为道理上实在讲不通,最后只得建议"换个解释变量重新分析一遍"。

我的公司合伙人中有一位日本 IT 界赫赫有名的销售专家,我在对他提及这项研究成果时,他的反应如下:

"的确,那些年轻优秀又善于辞令的销售人员有时业绩并不太好。我觉得这倒不是语言智力高不高的问题,真正的问题在于因为他们语言智力较高,所以太过于依赖语言,试图只用语言来说明所有内容。客户的确会关心产品功能或优势,但有的产品,无论再怎么用语言进行说明,都无法完全拂去他们做决策时的担忧和不确定性。这种情况下,比起巧舌如簧的言语说明,他们更注重产品负责方在发生问题时的应对是否值得信赖。"

这就是业务专家对分析结果的洞察。基于这一想法,我们或许并不会得到"录用语言智力较低的人"的结论,而应该就员工的非语言沟通技巧进行培训,帮助他们不借助语言,而是通过非语言沟通技巧来获得客户的信赖。这类措施或许更为有效。

像这样,在对分析结果进行解读并采取有效行动时,日常业务中的隐性知识就显得尤为重要了。只要稍微掌握一些数据分析技巧,大家所拥有的隐性知识就能成为更加强有力的武器。各位业务专家一定也有很多这类在大脑里沉睡、尚未转化成显性知识的隐性知识,他们在看到分析结果时普遍会意识到"这么一说倒确实如此",于是这些隐性知识便得以借助这一过程首次以语言的形式表达出来。

而预测性分析又是怎样的呢?当我们使用机器学习等高级分析手法时,预测性能或许的确会大幅提升,但这些分析结果最终只会变成"黑匣子"。在这类分析方法中,就算我们无法像回归分析时那样得出"哪个解释变量与 Outcome 存在怎样的关系"的结果也无大碍,只要对解释变量进行复杂的转换组合,缩小预测值与实际值之间的差异就可以了。这样下来,我们的确可以获得较高的预测性能。

当然,为了理解和掌握这类方法,我们需要数理方面的理解能力和编程能力，随着数据量的增加，我们还需要能高速处理这些数据的计算资源。同时，手头上是否有那些可能会影响预测精度的"大数据"。

但对于这一领域，我想大部分社会人士都没必要考虑"通过一己之力去干些什么"。就算是"黑匣子"也无妨，只要猜对就行了。如果我们想要达到这一目的，那么只要公开招标，将样本数据交给竞标企业，用下文提到的方法对他们做出的黑匣子的预测性能进行公正评价就可以了。

"预测性分析"难做的两大原因

前文提到了发挥自身优势，接下来我想解释一下预测比洞察难的两大原因。

即使一位能熟练运用高级分析工具的技术高超的医生，也无法通过分析电子病历中的数据来准确预测患者还能活多少年。当然，我们的确知道类似状态下其他患者的平均寿命，而很多研究也已证明血压高或BMI高等健康问题会导致死亡率上升，但即便如此，分析推算出的预测值与实际值的差异依旧很大。

例如，80~94岁高龄的晚期肺癌患者在癌症已全身扩散的情况下还能存活几年？一般来说比较稳妥的结论是"1年以内"。日本癌症（成人病）中心协会基于加盟该协会的医疗机构提供的患者数据，根据年龄、癌症种类、目前所处的癌症期数等标准对患者存活年数进行了分析统计，并将结果公布在了网络上。根据这一统计结果，约有80%多的患者在1年内去世，反过来也就是说，还有超过10%的患者存活了1~2年，甚至有患者存活了5年左右，即便人数很少，只占了几个百分点。如图4-10所示。

因此，当我们根据统计数据得出"1年以内"的预测结果时，那些只占了几个百分点的患者或家属一定会认为"完全不属实"。

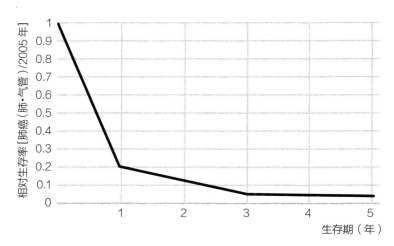

图 4-10　晚期癌症高龄患者的相对生存率推移

来源：日本癌症（成人病）中心协会，https://kapweb.chiba-cancer-registry.org/

晚期癌症高龄患者尚且如此，那些身体或多或少都有些小问题的 40 多岁男性，预测起来就更加困难了。就算我们把所能想到的，包括基因在内的解释变量都用上，再辅以高级统计手法，预测结果也很有可能与实际结果相差几年或十几年。所以，这些预测值一般仅仅用在医患间对风险进行沟通的场合而已。

但从洞察的角度来说呢？医学界的各项分析研究都已表明，血压、BMI、特定血液检查值、基因模式与死亡率或某种疾病发病率相关。过去几十年来，医学研究者们针对这些分析结果进行了洞察，也因此促生了很多有效疗法。就算我们无法准确预测接下来还能活多少年，但至少通过随机比较测试，我们还是能够知道通过吃药做手术、辅以接受生活指导就能多活几年。

那么，预测与洞察的难易程度差别在哪里呢？其一，前文中提到的预测是针对个人的，而洞察是针对集体的。人体非常复杂，每个人的体质都各不相同。在同一年纪得了同一种癌症，有人能存活很久而有人却不能,因此预测起来十分困难。而洞察基本上都是从集体角度对因果关系进行探讨的。从个人角度而言,可能有人不管吃不吃药都完全无效,至于哪类人会出现这种情况,作为人类,我们目前还没有能力对此做出准确判断。

但如果我们设计一个随机比较测试,将调查对象随机分为两组,每组各100人。"随机"意味着从概率而言,这两组调查对象几乎所有条件都可视为均等。此时,让一组服用某种药,而另一组则不服用。如果结果显示(在排除波动或误差的影响下)服用药物的那组寿命明显变长,那么我们就能够得出结论:该药今后应予以使用。即使该药不是针对所有人都有效,也无法知道它到底对哪些人有效,但我们依旧能够了解到的是:使用该药能明显延长集体的整体寿命。

对企业而言也一样,实施某项研修并不意味着每位员工的生产效率都得到了提高,但我们依旧知道研修的确提高了公司的整体生产效率。同样,接触了某则广告并不意味所有顾客的消费意愿都会被唤起,但我们依旧知道这则广告的确提高了整体市场的销售额。

保险公司的精算师们在对客户的疾病、事故和死亡风险做出预测的基础上,调整保费与保险退费之间的平衡以谋取利益,他们之所以能做出预测也是因为这类预测是针对集体的。就算他们无法了解具体到每个人何时何地会死亡,但依旧能从某种程度上预测出几万人中约有百分之几会死亡。

可能某月的死亡人数低于预测值,而某月的死亡人数又高于预测值,他们在设定保费时就会加上这类波动带来的风险,由此便可以获取长期稳定的收益。这就是保险业的盈利模式。

然而,在业务运营中,预测出整体或长期的总量并不重要,重要的是对"何时""何地""何事"做出具体数字层面的预测。

某间仓库所需的产品数量,有时可能比预测值多很多,有时又可能少很多。同一产品的不同配色版本，有时可能过多，有时又可能过少。这时就算告诉我"一年内日本全国范围内所需的所有配色版本的产品总量加起来共 10 万个"我也高兴不起来，因为相较之下，我想知道的是该何时将哪种配色的产品摆放在哪些店铺。

其二，隐性知识中的"在除该数据外其他条件都正常的前提下"以及"在目前这种状态今后也将持续的前提下"等假设又进一步提高了预测的难度。

竞争产品大卖抢夺市场份额、自家产品突然间热销、发生了特大灾害或经济危机、政府某项经济政策给消费市场带来巨大影响等，这些状况每 10~20 年都会发生一次。这也就意味着，每几年就会发生一次让我们的预测出现极大偏差的上述某类事件。

这些情况出现的概率并不低，但我们却无法预测它们究竟何时会发生。就像前文中提到的预测寿命的医疗类案例，"30 年内人们会发明出治疗该疾病的划时代疗法""患者受到启发，突然间完全改变了生活习惯"……这类事件从概率上来讲并不低，但我们却仍旧无法在预测时用上这些条件。

失败的 Google 流感预测

事实上，就算对于坐拥大量数据和超强计算资源的 Google 而言，预测也是难度相当高的任务。Google 旗下有一个名为 Google Flu Trends（谷歌流感趋势）的网站，该网站经常被作为呈现大数据之强大的代表性示例介绍给大众，"Google 利用自身拥有的搜索历史记录成功预测了流感患者的数量"。然而，以哈佛大学政治经济学领域统计学教授加里·金（Gary King）为代表的研究小组在 2014 年发表论文指出，Google Flu Trends 的预测精度并不高。

这篇论文以"Google Flu Trends 似乎仍在生病"为题，对 2013—2014 年流感流行期间 Google Flu Trends 给出的预测值与代表流感患者数量"标准答案"的数据，也就是 CDC（Centers for Disease Control and Prevention，即美国疾病预防控制中心）的统计数字进行了对比验证。验证结果如图 4 – 11 所示。

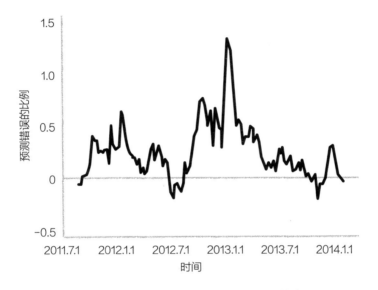

图 4 – 11　Google Flu Trends 的预测精度

来源：https://ssrn.com/abstract=2408560.

那条穿过纵轴 0 标示的水平线就是"与 CDC 统计数字一致的部分"。由此可见，在流行期间，Google 预测值共有 3/4 超过了 CDC 的统计数字。整体而言，预测值比实际值高三成左右，有的部分要高出实际值五成甚至翻倍。

当然，Google 制作该预测系统，根据搜索引擎结果设计预测流感患者数量的计算公式时，一定是期望"用数据做出精度最高的预测"。然而，预测值和实际值间的差异不知何时变得如此之大。这种程度的精度还不如人类直接用直觉预测来的准确。当今社会上也不乏很多提议"用大数据或

IoT来做需求预测"的IT或咨询公司，但想想吧，Google尚且如此，这些公司到底又有多值得信赖呢？

然而，加里·金等的论文并不仅仅是为了证明"预测太难了"，这篇论文最终得出的结论是：经由实际数据验证表明，"单纯自回归模型的预测精度反而更高"。关于预测用分析手法，我无心再继续深入讲解，但在本书最后我想再提一提这个"单纯自回归模型"和由此衍生出来的时间序列预测法，并以此来作为本书的结尾。当我们根据数据做预测时，这些方法能对该项预测是否有效做出公正评价。

34
自回归模型与交叉验证

自回归模型概要

那么接下来，我将介绍一下加里·金等提到的这种性能优于 Google 做法的基础性时间序列分析方法——**自回归模型**。

自回归模型指的是"使用自身在过去时间序列中的值进行的回归分析"。有时，我们也取其两位发明人之名，将随后发展出来的一系列相关分析方法统称为 Box = Jenkins 模型。自回归模型的英文为 Autoregressive Model，因此我们有时也将其简称为 AR 模型。

应采购的零部件数量、应生产的产品数量、在特定仓库应保管的产品数量以及客服中心的来电次数等，我们都可以通过直觉做出大致预测："上周多于预期，所以这周也应该较多"；又或者顾客需求提前消耗掉了，从而导致"上周很多，所以这周应该不太多"。

按时间序列进行分析时，时间的划分方式可以是每月、每周、每天，也可以是每小时甚至每分钟，这全凭分析的需要。例如，当我们根据客服中心的来电次数预测客服人员的需求时，可能会按天来预测，如果想要预测得更加精准，也可以按小时来预测。而如果某款产品接单和下单都是以月为单位的，那我们只需要按月进行预测就足够了。

根据前文内容，自回归模型也可以理解为以日、周、月等"时间序列"为解析单位，以"过去某一时间点的自身值"为解释变量的多元回归分析。也就是说，我们只要准备类似于表 4-1 的数据，在此基础上做多元回归分析，基本上就等同于用自回归模型做预测了。

表4-1 自回归模型应准备的数据样式

时间	当月的发货量	上月的发货量	2个月前的发货量	…	12个月前的发货量
2010年1月	581	450	260	…	535
2010年2月	399	581	450	…	357
⋮	⋮	⋮	⋮	⋮	⋮
2016年9月	401	203	332	…	357

想要预测这里的值

当然，使用自回归模型更为正式的方法是通过名为尤尔—沃克方程组的算法，推算出回归系数并预测出相应值，但我们用多元回归分析时也能得出基本相同的结果。

那么，是只要前一个时期的值就可以做预测，还是需要将前两个时期的值都纳入考虑？那么前三个时期和前四个时期的值呢？……这样考虑下去就无止尽了。而我个人经常采用如下方法：例如，以月为单位时就取12个月前，以季度为单位时就取8个季度（2年），也就是说，在准备解释变量时，掌握一到两个周期的值，然后再做变量选择。

假设当我们用自回归模型分析每月实际产品发货量时，得到如表4-2的结果。

表4-2 自回归模型分析结果

解释变量	回归系数	P值
截距	500	<0.001
1个月前	−0.40	0.004
2个月前	0.15	0.033
4个月前	0.20	0.017

1 个月前每发出 1 个产品，本月发货量就会减少 0.4 个，也就是说，发生了"需求提前消耗"的现象。但另一方面，2 个月前和 4 个月前每发出 1 个产品，本月发货量就会分别增加 0.15 个和 0.2 个。

在洞察性分析中，我们往往需要对回归系数进行多方面考察；而在预测性分析中，实际预测值是多少则更为重要。假设我们需要预测下个月的产品发货量，而 1 个月前的发货量为 400 个，2 个月前的发货量为 600 个，4 个月前的发货量为 300 个，这时我们得出的预测值是多少呢？

答案是 490 个（500 − 0.40 × 400 + 0.15 × 600 + 0.20 × 300）。问题就在于，这样计算得出的预测值与实际值之间的差异是否小到我们能接受的程度。

防止过拟合

如果我们想在此基础之上提高预测精度，那么和洞察式分析一样，只要增加解释变量备选，然后再做变量选择就可以了。由自回归模型演化而来的 Box = Jenkins 式分析法中就有名为 **ARIMA 模型**、**SARIMA 模型** 的方法，指的是在普通的 AR 模型中加入 Seasonal（季节性）、Integrated（整合）、Moving Average（移动平均）等因素。例如，在自回归模型基础上，进一步以"过往时期的预测值与实际值间的差异"为解释变量或以"季节性变动"为解释变量展开分析的方法。

除此之外，我们还可以将解析单位，即时间序列（月、周、日）的特征作为解释变量备选。例如，几月、星期几、当时的温度、湿度等信息都可以作为备选变量。除了同一时期内各因素相互影响带来的效果以外，我们还应该考虑各时期之间各因素相互影响带来的效果。例如，不仅可以考虑"今天温度很高，所以今天销量好"，还可以考虑"前一天温度很高，所以今天销量好"。这样的话，"前一个时期的气温""前两个时期的气温"等因素都可以作为解释变量备选。

但这里需要注意的是，虽然可以任意增加解释变量备选的数目，但最终我们还是需要做变量选择。

在第 1 章中我也曾提及，如果我们在只有 30 个（在本例中为 30 个时期）解析单位时用到了 29 个解释变量，那么通过解联立方程式我们就可以简单做到"预测值与实际值完美一致"，然而这种预测方法对今后而言不具备任何意义。这种现象被称为**过拟合**（Overfitting），是指将那些与待预测值不具备任何关系的解释变量生搬硬套至现有数据上的一种状态。所以，当我们将其用在日后实际预测上时，就会受这些生搬硬套的解释变量的影响，得出完全偏离主题的结果。

通过交叉验证做检验

为了避免过拟合，为了使我们做出的预测更具有现实意义，我们需要实施变量选择，以确保 AIC（Akaike Information Criterion，即赤池信息准则）达到最小。AIC 是日本原统计数理研究所的赤池弘次于 1973 年创立的，它是我们在选择只包含高预测水准解释变量的预测公式时的标准。这是日本人对统计学所做贡献中最为有名的一项，现已普遍用于世界各类统计工具中。

与此同时，如果可以的话，除了 AIC，我还希望大家能用交叉验证法进行检验。

不管是多元回归分析还是逻辑回归分析，我们在推算回归系数或优势比时基本上都会尽量使其"与分析用数据最为符合"，然而一味增加解释变量又会导致过拟合。那么，在避免过拟合的前提下得出的预测值，精度又怎样呢？

做交叉验证时，我们对用以拟合的数据和用以验证精度的数据进行随机分组。前者的目的是"用来训练"预测模型,因此被称为训练数据;后者的目的是用来验证其精度,因此被称为测试数据。

交叉验证中最为广泛使用的是**十折交叉验证**(**10-fold Cross-Validation**)。使用该方法时,我们首先将整体数据随机分为 10 组,其中 9 组作为训练数据,剩余 1 组作为测试数据进行精度验证。如此重复 10 次,以确保每组数据都曾有一次被用作测试数据。目前,有的分析工具上已经直接搭载了"根据交叉验证法建立高精度预测模型"的功能。

上述验证过程结束后,我们来计算预测值与实际测量值之间的误差,这时会发现有时出现正向值(预测值偏高),有时则出现负向值(预测值偏低)。

于是,我们据此判断"波动程度有多大",正负向最大偏差各为多少。计算"波动程度有多大"时可以使用标准偏差,基本上"大多数情况下保证预测精度在 2 倍标准偏差范围内"就可以了。如果对预测精度的容许程度或目标有"±N 以内"的具体指标,那么我们也可以对"整体数据中预测精度保持在容许程度内的期间比例"做出评估。

有关预测精度评估的结果,我们可以参考表 4-3。

表 4-3 通过交叉验证评估预测精度的示例

指标	值
(预测值-实际测量值)的标准偏差	60
(预测值-实际测量值)的最大值	+150
(预测值-实际测量值)的最小值	-140
保持在目标值(±50)范围内的月数	60 个月中的 40 个月(66.7%)

标准偏差为 60,因此大致来讲预测精度保持在 ±120 个以内,最多的时候多预测了 150 个,最少的时候少预测了 140 个。目标误差为 ±50 个以内,在此标准下,我们判断全部 60 个月的分析数据中有 40 个月

（66.7%）的预测获得了成功。

不过，这却并不意味着在实际运营时只要按照预测值来进货或配送就万无一失了。商品缺货会导致机会损失，增加应急配送成本，而库存过剩又会导致仓储成本增加。这两者究竟哪方更严重？这就需要我们进行综合判断后再做决策。

如果仓储成本不高，相对而言更想避免机会损失，那么我们只要常备比预测值多出140个的产品库存即可。这样在5年时间内，市场只要不出现意外，我们就可以规避缺货的风险。不过，这时可能会出现有的月份多出260个（140＋120），最多的月份多出290个（140＋150）的情况。

不过，与此前仅凭直觉或经验相比，如果这些预测能够多少帮助公司减少些库存，那么也就算是有意义、成功的预测了。

当然，如果我们增加数据种类，同时运用更为高端的分析手法，预测精度还能进一步提升。很多企业也都在提供这类工具或服务，大家如果有兴趣，可以与他们直接取得联系。

大部分社会人士都不需要深入掌握这个方法，不过我希望大家至少在遇到过拟合带来的虚假预测精度时能留个心眼，谨防被骗。最后，也希望大家综合判断交叉验证结果和现实成本之后再做出运营决策。

第 4 章
用于业务运营的统计学

35
本章总结

目前为止,本书主要介绍了在与企业利润直接相关的各领域如何开展分析、如何洞察分析结果,以及如何进行实践。具体来说,在第 1 章中,我们对企业的经营战略进行了分析,思考所处市场中究竟哪类企业的收益性更高。接着,为实现这一经营战略,在随后的第 2 章和第 3 章中,我们以公司内部人才和公司外部顾客这两类"人"为解析单位进行了分析与思考。

当在此基础上做进一步细分,分析内容涉及个别的"物"或"事"时,就关系到业务运营改善了。在这一领域,我们可以针对采购、物流、技术研发、客户服务等环节,思考与企业利益相关的所有 Outcome。总结起来如表 4-4 所示。

表 4-4　本书中提到的各部门 Outcome 和解析单位示例

部门	Outcome	解析单位
人力资源管理	业绩、生产效率、人事考核、离职率、招聘等	面试、招聘媒介、研修等
技术研发	所研发产品的销售额、专利数目、论文数量等	专利、实验、项目等
采购活动	采购成本、库存成本等	零部件、批次、交易、供货商等
生产制造	不良品率、生产效率、在制品估值、设备故障等	工厂、生产线、工作日、设备等

(续)

部门	Outcome	解析单位
物流	配送错误、逾期次数、库存成本、实载率等	捆包、集装箱、卡车、物流据点等
营销与销售	销售金额、顾客人数、客单价等	广告、媒体、活动、拜访、联系等
客户服务	特殊情况例外应对、顾客流失等	拜访、接待客人等

当然，试图同时改善各部门的所有Outcome也不失为一种方法，不过我们更应当优先解决的是企业整体运营中存在的"瓶颈"部分。在生产制造或产品采购跟不上的情况下一味强化销售能力是毫无意义的，而盲目提高生产效率导致生产能力完全超过销售能力也是徒劳的。因此，如果可能的话，尽量放眼于企业整体，难以做到的话至少放眼于整个部门，先仔细思考"瓶颈"所在，随后再进行分析和改善，这样才能收获丰硕的成果。

受以ERP为首的IT系统普及的影响，大部分企业都已经积累了很多业务运营的数据。哪个仓库存放着哪种零部件、数量多少、哪个工厂有哪台机器、这些机器又是什么时候由谁负责从哪里采购的等，这些数据一定从未被分析过，从而长久尘封在企业内部。这时我们就可以凭借上述解析单位和Outcome迈出分析的第一步。

然而，要想分析这些业务数据还是要稍稍费些工夫的。我们能够用于分析的基本上只有两类信息：一类是表示数值大小的信息，一类是表示某种有限状态的信息。自由文本数据中的住址或评论等信息不能直接用于分析。另外，当我们对多个数据库中的信息进行综合分析时，则需要提前统一ID体系。

虽说如此，但如果你摩拳擦掌想要大规模整备数据，"搭建公司整体的分析基盘"，我劝你还是先等等为妙。在此，我推荐大家对那些能派上用场的（最低限度的）数据先做一下手动处理和分析。因为，不仅整备好的数据本身并不具备价值，而且就连整备完善且分析成功的数据也不具备价值。数据只有在分析、实践，进而给公司带来收益时才会产生价值。因此，首先积极推进小规模的分析实践循环，在此基础上再慢慢完善数据、导入分析工具，这样做风险更小、生产效率也更高。

上述都是有关"洞察"的思考方法，而当我们需要对采购、生产、资源分配等进行优化时，就需要用到数据的另一类活用方法——"预测"。本章最后我对预测性分析也做了少许补充说明。值得注意的是，即使是拥有庞大的大数据和丰富的计算资源的 Google，也没能成功地做出预测。因此，我们在实践预测性分析时要尤其谨慎。而相较于人类的直觉预测而言，单纯的自回归模型在某种程度上预测精度更高。

不管用的是哪种预测方法，我们都可以通过交叉验证法来检验其是否有效。也就是说，我们能够在剔除过拟合影响的基础之上，对"实际准确度为多少"或"预测值与实际值之间出现偏差的风险是多少"做一个准确评估。

对普通商务人士而言，预测与洞察不同的是，他们无须掌握某种具体的预测方法，与此相比，他们更需要具备的是"通过交叉验证法进行评估"的思维模式。预测本身可以委托给专业公司来做，而不管他们用的分析手法多新颖、理论多优秀，我们都可以通过交叉验证给出公正评价，在此基础之上再决定采用哪种预测手法。

另外，在商业社会中，重要的不仅仅是"预测精度"这一数值，"预测出现偏差时会带来怎样的问题或风险"这一观点也同样重要。是应警惕机会损失，还是应提防资源浪费？我们应该首先对现实状况做出综合考量，然后再参考预测结果决定应额外准备多少余量。如果大家能充分理解这些内容，那么我相信预测性数据分析一定能给大家的运营改善带来巨大价值。

统计学补充专栏 4

运用到集体智慧的预测手法

当我们针对长期性或抽象性的主题进行预测时，往往会面临收集不到分析数据的难题。

如果分析主题类似于本章中提及的商品采购量，那么这个领域的分析数据相对来说会比较稳定，我们也能很轻松地收集到过往数据，这种情况下就可以用 Box = Jenkins 式分析手法或更为复杂的机器学习手法。但商务世界中需要预测的内容远不止这些。"在美国，自动驾驶汽车的新车销量几年后能超过非自动驾驶汽车吗？"或"十年后，IT 业界中哪个领域的技术最具有影响力？"等，很多企业希望做此类预测，以便事先投资、抢占先机。

对于这类主题，我们很难根据现有数据做出预测，然而还是有些眼光不凡的行业专家们能够根据他们的隐性知识做出精准预测。不过，也有一些人士，虽身为专家，但回过头来却发现他们所做的预测几乎全都跑偏了。所以，我们究竟该委托谁来做预测，这是个难题。不过虽说如此，把多位专家组织起来成立一个委员会，几次三番深入讨论，这种方法我却并不推荐。因为往往那些预测不准的专家们反而声音更大，在他们的影响下，即使有其他专家提出不同意见，最终委员会总结得出的往往还是那些不准确的结论。

所以，我在此提议的是一种能有效运用多名专家集体智慧的手法，其中最具代表性的是德尔菲法。

在德尔菲法中，我们首先邀请几位立场不同的专家，他们用来作为判断依据的信息源也各不相同，随后我们要求他们分别给出预测值。在此期间，专家们之间严禁相互交流。接着我们对回答进行汇总，向专家们分别反馈汇总结果，并让他们再分别重新做一轮预测。

假设图 4-12 是专家们针对"在美国，自动驾驶汽车的新车销量几年后能超过非自动驾驶汽车吗"这一提问的回答。回答"（自动驾驶汽车）现在势头正猛，应该明年就能超过了吧"与回答"不花上 10 年不太可能超过吧"的各有 1 人。大多数专家都回答 3~7 年，最多的回答集中在 4 年。

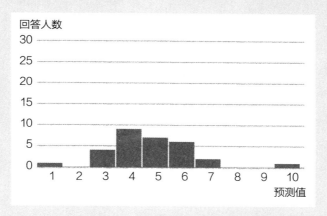

图 4-12　德尔菲法示例①

然而，当我们将这一结果反馈给专家们并让他们重新进行预测时，有些专家便对自己的想法进行了调整。例如，"明年看来还是不可能吧""或许也花不了 10 年吧"等。回答"3~7 年"的专家们也一样，在第一轮中回答 4 年的专家在第二轮中也将答案调整为了 6 年（如图 4-13 所示）。

有时调查方也会对数据进行介入——将两个极端方向的回答从选项中剔除。不过，无论怎样，随着我们重复这一过程，专家们的回答会慢慢集中在同一预测值上。这个值就被认为是目前"基于专家集体智慧得出的可能性最高的预测值"。

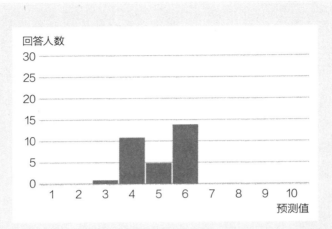

图4-13 德尔菲法示例②

上例介绍了如何使用德尔菲法预测具体数值大小。对于"十年后，IT业界中哪个领域的技术最具有影响力"这类定性主题，我们也可以分别向各位专家听取意见，将得到的结果进行分类，整理为有限的选项，随后再统计"哪个类别中分别有几人"。最后将统计结果反馈给专家们（根据情况，有时可删除那些只有一人作答的选项），并让他们再次做出预测。重复这一过程，我们同样也可以得到"基于专家集体智慧得出的可能性最高的预测值"。

除此之外，还存在以下情况：虽然很难根据数据做预测，但相对而言，实际结果很快就将揭晓了，同时普通民众或一般消费者的感觉比专家更为重要。这时，我们可以增加调查对象人员的数量，尝试"预测市场"这一手法。假设我们想要预测的是明年一年内，而非十年后的IT投资热门领域，那么到底是信息安全策略、现行系统的云迁移，还是推进数字营销？IT所涉及的领域纷繁复杂，到底针对哪个领域的投资今后将会愈发活跃？对于这些问题，比起IT专家，那些直接负责订购这些系统的贸易公司员工们可能会手握更多有助于预测的信息。

又例如，当我们对公司面临的风险进行预测时，不管再怎样对外部咨询顾问实施访谈，对于那些真正有风险的案件，大家都会闭口不言。而事实上，在管理者目光不可及之处，说不定很多员工都已意识到并开始悄悄讨论这些问题了。

这种情况下，我们就可以使用预测市场这一手法：首先邀请员工参加一种类似于虚拟"股市"的活动。以IT投资领域为例，如果可以将其大致划分为十个领域，那么我们就能在虚拟股票市场中对这十只"股票"进行交易。同时，向全体参与人员发放用于交易的虚拟货币。等到明年年底再实施市场调查，实际揭晓了"最热门投资"领域后，针对"投资该股者"发放一定金额的奖金。当然了，与真实股票市场一样，参与人员在奖金发放前的那段时期内可以以任意价格自由买卖自己所持有的股票。

预测市场指的就是，在该虚拟市场中，根据"股票的最终市场价格"来进行预测，而价格最高的那只股票就被判定为"最可能获得奖金"的领域。

日本静冈大学于2007年通过预测市场对众议院选举的议席进行了预测，该实证实验显示的预测值与实际取得的议席数相当接近。

以上介绍的不过是一些简单示例，当我们将这类主观信息也作为一种数据，并希望根据这些数据做出有效预测时，统计学当然也会派上用场。在这一领域，近年来贝叶斯统计学做出了巨大贡献，2004年一篇有关BTS（Bayesian Truth Serum）手法的论文甚至因此登上了美国《科学》杂志。所以，当我们想要对不确定性较高的事件或数值进行预测时，除了机器学习等人工智能以外，思考如何借助统计学活用人类的"自然智慧"也不失为一种方法。

致　谢

从统计学系列的第一本书开始我就在反复提及，该系列丛书最大的主旨就是教会大家怎样站在"巨人的肩膀上"。牛顿曾将前人们积累起来的伟大智慧描述为"巨人的肩膀"。本书的目的就在于告诉大家，怎样将这些智慧和知识轻松运用到各自的人生当中。在这一点上，统计学素养能发挥很大作用。

我不过区区一名统计学家，为何却能就如何提升企业收益性做出思考呢？这完全要归功于无数优秀的管理学家和应用心理学家呕心沥血为我们积累起来的科学依据。20世纪90年代诞生于医学研究领域的"基于科学实证"的思考方法渐渐渗透进教育学或政策科学等大部分领域，管理学领域当然也不例外。尤其是近20年间，各类理论、观点都经由统计学得到了实际验证，更经由系统综述得到了归纳总结。对于文中提到的所有那些为研究成果实际做出贡献的前人，我怀有不尽的感激之情。如果通过本书大家能感受到"触及这些宝贵智慧让自己内心变得更加强大了"，那我就万分有幸了。

当然，除了前人的智慧以外，本书也分享了数据收集及分析时的各种具体注意事项。在此，衷心地感谢那些给我提供了实际分析机会与数据的各位客户。通过这些分析经验，我对很多实际课题与现实制约有了更加深刻的理解，而这些理解和感触仅靠在大学里摆弄函数或代码是无法得到的。从这点而言，我感觉自己目前为止的职业道路实在是备受眷顾。因此，希望能够借此书与读者朋友们分享所有我体会到的分析经验，同时也希望能借此促进整个社会对数据的进一步活用。

致　谢

另外，我还想借此机会对百忙之中抽出时间审阅本书的早稻田大学的入山章荣教授、永山晋准教授以及专修大学的冈田谦介准教授致以诚挚的感谢。正因为能够得到几位专家来自管理学和统计学的专业建议，本书的品质才得以有了大幅提升。不过，毋庸赘言，本书中出现的任何错误均由本人负责。

最后，还请允许我借此机会感谢一直在背后默默支持我的妻子和孩子们。